Elena Almirall Arnal

ENTRAR EN EL OLIMPO

Un viaje arquetípico a través
de la mitología clásica

© 2024, Elena Almirall Arnal

© de la edición en castellano:
2024 by Editorial Kairós, S. A.
www.editorialkairos.com

Fotocomposición: Grafime, 08027 Barcelona
Diseño cubierta: Editorial Kairós
Imagen cubierta: Apolo y las Musas de John Singer Sargent (1921)
Impresión y encuadernación: Índice. 08040 Barcelona

Primera edición: Octubre 2024
ISBN: 978-84-1121-289-2
Depósito legal: B 14.155-2024

Todos los derechos reservados.
Cualquier forma de reproducción, distribución, comunicación
pública o transformación de esta obra solo puede ser realizada
con la autorización de sus titulares, salvo excepción prevista por
la ley. Diríjase a CEDRO (Centro Español de Derechos Reprográficos,
www.cedro.org) si necesita algún fragmento de esta obra.

Este libro ha sido impreso con papel que proviene de fuentes
respetuosas con la sociedad y el medio ambiente y cuenta con los
requisitos necesarios para ser considerado un «libro amigo de los bosques»

Para mis sobrinos,
Inés, Joan y Lua.
Con la esperanza de que
los mitos clásicos
conduzcan vuestros pasos
hasta el Olimpo

Índice

Prólogo........................... 11
I. Mnemósine y las Musas................ 17
II. Teseo y el Minotauro.................. 25
III. Sísifo............................ 45
IV. Narciso.......................... 53
V. Las Cárites....................... 61
VI. Prometeo........................ 67
VII. Pandora......................... 73
VIII. Deméter y Perséfone................ 81
IX. La Esfinge....................... 89
X. Ícaro............................ 97
XI. Psique.......................... 105
XII. Circe........................... 123
XIII. Heracles........................ 131
XIV. Las Sirenas...................... 167
XV. Apolo y Dafne.................... 175
XVI. Odiseo y Penélope................. 183
XVII. Dánae.......................... 209
XVIII. Ariadna........................ 217

Epílogo 227

Quiero dar las gracias................... 229
Notas bibliográficas 231

Canta, oh Musa,
e inspira mi corazón
con tu canto.
Para que las palabras
que de él salgan
sean las adecuadas,
sean las necesarias.
Que no haya
ni una de más.
Que no haya
ni una de menos.
Que sea tu voz
y no la mía,
la que se escuche,
tras este canto.

Prólogo

«El mito es la nada que lo es todo.
El mismo sol que abre los cielos
es mito brillante y mudo (...).»
(Fernando Pessoa)[1]

La mitología grecorromana ha sido uno de los grandes amores de mi vida. Por mi duodécimo cumpleaños, pedí a mis abuelos que me regalaran un diccionario sobre el tema y, desde entonces, los héroes y las heroínas griegas, las divinidades, las ninfas, los sátiros, las musas, la esfinge o las sirenas se han ido cruzando periódicamente en mi camino. A veces han sido amables y benévolos pero, en otras ocasiones, se han mostrado bruscos y desagradables —aunque ahora sé que, en realidad, no dependía tanto de ellos como de mí y de mis procesos—. En ocasiones, he comprendido rápidamente el mensaje que venían a entregarme y, en cambio, en otros momentos, me lo han tenido que repetir una y otra vez hasta que han conseguido que lo asimilara. Con los años he podido también darme cuenta de que las historias míticas y las leyendas tienen innumerables capas de significados y que –aunque su lectura siempre es útil y aporta mucho conocimiento–, cuanto más profundo entras en ellas, más información tienen para ofrecerte. Como afirma el helenista Pedro Olalla: «La palabra μύθος [*mythos*] encierra la idea de un conocimiento que 'se encripta' –μύw [*myo*]– para 'echarlo a correr' –θέω [*theo*]–: una enseñanza oculta que va de boca en boca».[2] Así, cada vez que releía un mito, se me iban desvelando nuevas informaciones. Todo ello ligado, invariablemente, a mi evolución vital y a la situación en la que me encontraba en cada momento. Siempre, sin embargo, había un elemento de sorpresa, de descubrimiento, de comprensión, de ilusión.

Alguien me dijo una vez que, para subir a una montaña, existen múltiples itinerarios. Hoy en día, sé que la mitología es uno de esos caminos de conocimiento que sirve como guía para ascender hasta la cima. Y que la recompensa que te espera cuando alcanzas la cumbre es, justamente, el Olimpo. Ese Olimpo que, como Shambhala, Shangri-La o el Paraíso, no es sólo un lugar mítico o un espejismo inalcanzable, sino un estado real de conciencia. Los que acceden a él son aquellos que han comprendido su verdadera naturaleza y, trascendiendo la materia, han experimentado lo divino, convirtiendo esa experiencia no en algo temporal, sino en una condición permanente.

Bajo la premisa de que todos somos héroes que estamos de camino hacia el Olimpo, de que las tramas mitológicas son metáforas de la realidad humana, con absoluta vigencia por su atemporalidad, y de que en los mitos están las claves para descifrar los enigmas que encontramos en nuestro recorrido vital, este libro quiere ser una guía o una propuesta para viajar hacia la meta, pues los relatos que en él se describen nos explican diferentes procesos –todos ellos iniciáticos– para que aprendamos cómo atravesar velos, cómo enfrentar encrucijadas o cómo vencer monstruos. Ellos nos enseñan también que se trata, en realidad, de una travesía que empieza y acaba en nuestra propia alma; que –parafraseando a Konstantino Kavafis– es nuestra alma quien pone ante nosotros los retos que necesitamos superar para evolucionar, para avanzar en ese camino. Al proponer el concepto del *monomito*,* que él consideraba un patrón universal subyacente en los relatos legendarios de la mayoría de los pueblos del mundo, Joseph Campbell explicó además que «ni siquiera tenemos que aventurarnos solos, pues los héroes de todos los tiempos lo han hecho antes que nosotros. El laberinto es exhaustivamente conocido. Sólo debemos seguir la huella del paso del héroe, y donde habíamos pensado hallar una abominación, encontraremos un dios. Y donde habíamos pensado matar a otro, nos mataremos a nosotros mismos. Donde habíamos pensado viajar hacia el exterior, llegaremos al centro de nuestra propia existencia. Y donde habíamos creído estar solos, estaremos con todo el mundo».[3]

Siguiendo con esta idea, me ha parecido interesante remarcar que, en diferentes culturas, aparecen los mismos temas y que se pueden encontrar paralelismos en los mitos y símbolos de los pueblos más distanciados. De alguna forma, me conmueve darme cuenta de que existe un imaginario colectivo al que

---

* El *monomito* es un concepto desarrollado por el mitólogo Joseph Campbell, según el cual, en los relatos legendarios de todos los pueblos, existiría un modelo básico similar que seguiría una serie de etapas, siempre las mismas, y que se concretaría en el famoso «viaje del héroe».

todos podemos acceder y en el que se inspiran las leyendas y los relatos de las distintas sociedades. Por ello, he querido reflejar esta cuestión, sobre todo, a través de las citas de autores y tradiciones diversas que comparto en cada capítulo.

Por mi parte, si me he atrevido a escribir este libro ha sido porque sé que los mitos, en su origen, eran poemas orales que los aedos* cantaban o recitaban en los diferentes lugares a los que viajaban –es precisamente por eso por lo que, de algunos de ellos, existen varias versiones–. Así, he querido ponerme la capa de aedo y compartir mi interpretación de esos relatos legendarios que tanto me fascinaron de niña. El psicólogo Paul Diel decía que existen múltiples explicaciones de los mitos, pues cada persona tiene su perspectiva y puede ofrecer su visión de los mismos. En mi caso, es por amor a estas historias que he querido escribirlas y exponer el significado que ellas tienen para mí, así como la sabiduría práctica que me inspira cada episodio. Mi intención es, sencillamente, aportar una voz más que, como sucede con todas las voces, se basa en el bagaje cultural y en las experiencias vitales de la persona que la emite. Así pues, no me puedo adjudicar en exclusiva el mérito de las conclusiones que propongo, puesto que beben de múltiples fuentes e inspiraciones (las más importantes se detallan en la bibliografía y en los agradecimientos).

El libro está dividido en dieciocho capítulos, que siguen el siguiente esquema: se explica el mito, se analiza su simbolismo y se termina con un cuadro donde se recogen, a modo de con-

---

* Un aedo era un poeta o cantor de poemas épicos en la antigua Grecia.

clusión, las enseñanzas prácticas que pueden extraerse de cada uno de los relatos –que, aunque en ocasiones confluyen, pues todas apuntan a un mismo objetivo, siempre tienen matices particulares–. La finalidad, ya se ha comentado: desvelar enigmas, sugerir caminos, proponer opciones y ofrecer indicaciones para llegar hasta el Olimpo. Y, una vez allí, mientras las Horas nos abren las doradas puertas del soñado palacio, sentir cómo los benéficos rayos de Apolo acarician nuestro rostro, al cruzar el umbral que nos llevará, directamente, al salón de oro y mármol que –lo sabemos– está destinado a los dioses. Solamente a los dioses.

I. Mnemósine y las Musas

«A Mnemósine
Invoco a la esposa del Divino Zeus,
progenitora de la dulce y sagrada Enéada,
libres de olvidos y fallas de memoria,
por la que el intelecto se une al alma.
A ti se debe el aporte de la razón al pensamiento
todopoderosa, complaciente, protectora, vigorosa.
Tú tienes el poder de despertar al aletargado,
uniendo el corazón a la cabeza,
librando a la mente del vacío, vigorizándola y estimulándola,
alejando las tinieblas de la mirada interna y el olvido.
Ven, bienaventurada potestad. Despierta la memoria de tus iniciados
en los sagrados ritos, y rompe las ataduras del Leteo».
(Himnos órficos)[4]

Cuenta el poeta Hesíodo, en su *Teogonía*,[5] que la titánide Mnemósine era hija de Gea y Urano, la Tierra y el Cielo. Su nombre viene de la palabra griega μνήμη (*mnéme*) que significa *memoria* y eso era, justamente, lo que esta divinidad personificaba. Por este motivo, los griegos la situaron entre las primeras generaciones de dioses, pues la memoria era básica e importantísima para la cultura oral y se consideraba uno de los componentes principales de la civilización.

Además, se creía que, en el Hades (el Inframundo), había una fuente y una laguna tutelada por Mnemósine, que simbolizaba lo contrario que el Leteo (el río del olvido). Las almas de los muertos bebían el agua de este último con el objetivo de que, una vez reencarnadas, no pudieran recordar sus vidas pasadas ni el periplo que habían realizado por el Hades tras abandonar su cuerpo. En cambio, los iniciados en el orfismo, un movimiento religioso mistérico cuya fundación se atribuía al poeta y músico Orfeo, tomaban el agua del río de la memoria, justamente para evitar el olvido, para poder liberarse de la metempsicosis (ciclo de reencarnaciones) y alcanzar la vida eterna, para recuperar la naturaleza divina, en definitiva, para entrar en el Olimpo.

De la unión de Mnemósine con Zeus, que duró nueve noches, nacieron las nueve Musas, que eran descritas como mujeres jóvenes a las que sólo les interesaba el canto y cuyo corazón estaba exento de dolores. Las Musas tenían virtudes proféticas y capacidad de inspirar a los artistas. Tradicionalmente eran nueve: Clío, Euterpe, Talía, Melpómene, Terpsícore, Erato, Polimnia, Urania y Calíope. Cada una de ellas estaba a cargo de un área del conocimiento, de una rama artística: Clío era la musa de la historia, de la epopeya; Euterpe se ocupaba de la música, concretamente del arte de tocar la flauta; Talía estaba a cargo de la comedia; Melpómene era la musa de la tragedia; Terpsícore, de la danza y el canto coral; Erato presidía la poesía amorosa y lírica; Polimnia, la poesía y los cantos sagrados; Urania, la astronomía, y Calíope, la poesía épica y la elocuencia.

Las Musas acompañaban al dios Apolo, patrón de las artes, y vivían en el Olimpo, alegrando a Zeus, al narrarle los relatos del presente, del pasado y del futuro. Eran las protectoras del arte en cualquiera de sus formas y presidían toda manifestación de inteligencia. A aquellos humanos afortunados que eran honrados con sus favores, les entregaban los dones de la palabra, de la elocuencia y de la persuasión.

Este libro empieza con las Musas –y con su madre, Mnemósine–, porque con ellas empiezan muchas de las epopeyas antiguas, porque con ellas empiezan muchos poemas, muchas tragedias, muchas comedias. Tal vez no sea con ellas con quienes se inicia el mundo, pero sí es con ellas –o gracias a ellas– que comienza, en él, la Belleza. En sus manos está el Arte, la Historia, la Filosofía, el Canto y la Danza, todas las habilidades que conmueven al corazón humano. El poeta que declama, el filósofo que reflexiona o el artista que esculpe y pinta no alcanzan la genialidad si no es porque una musa les susurra al oído, transportándolos así a ese misterioso espacio donde las fronteras entre lo divino y lo humano se desvanecen, donde ensueño y realidad se fusionan. Es cuando el poeta deja de luchar con su mente para escribir unas líneas y permite que las musas tomen el mando, cuando ellas pueden inocular, en él, el ενθουσιασμός (*enthousiasmós*), es decir, la inspiración divina,[*] la evocación de todo aquello guardado en el seno de

---

[*] La palabra *entusiasmo* viene del griego ενθουσιασμός, compuesto por εν + Θεός (*dios*).

su madre Mnemósine, aquello escondido en las profundidades de la Memoria.

Las Musas vinculan al ser humano con lo sagrado, pues ellas conocen el secreto de la creación y la armonía de la misma. Las Musas nos invitan a ser poetas, músicos, a hacer armonioso y sublime cada uno de nuestros actos. Desde la antigua Grecia, llegan hasta nosotros los ecos de su canto, no en vano la palabra *música* viene del griego μουσική (*mousiké*), que es el arte de las Musas, o la palabra *museo*, de μουσείο (*mouseío*), la casa de las Musas. Así pues, el artista que se siente estancado, desanimado u olvidado por ellas podría llegar a encontrarlas en las salas de una pinacoteca o entre las notas de una sinfonía.

Sabemos por el filósofo romano Marco Tulio Cicerón[6] que Biante de Priene, uno de los famosos siete sabios de Grecia, cuando tuvo que abandonar su ciudad debido a su asedio por parte del ejército persa de Ciro y le aconsejaron que recogiera todos sus bienes antes de iniciar la huida, se fue sin llevarse nada y afirmó: «*Omnia mea mecum porto*», es decir: «Llevo conmigo todas mis cosas». Para el sabio, pues, el mayor de los bienes era su sabiduría, aquello que no se puede comprar ni vender, aquello que los dioses inspiran a los privilegiados que son bendecidos con su favor. Así es, entre todos los bienes sobre la tierra, los sabios eligen aquellos que, de una u otra forma, proceden de Mnemósine.

Pero ¿cuáles eran los secretos de esta enigmática diosa, a la que los órficos evocaban en su paso por el Hades? Existen evidencias de que era invocada también en algunos oráculos como el de Trofonio, que estaba presente en los santuarios de Asclepios, dios de la medicina, y que tenía relevancia en otros cultos mistéricos. El himno órfico dedicado a ella explica que es la que une el intelecto al alma, que despierta a los que están dormidos, uniendo corazón y cabeza, que libra a la mente del vacío, la vigoriza y la estimula, alejando el olvido. Aparecen también referencias a ella en las llamadas *laminillas órficas*, encontradas en enterramientos, en las que se dan instrucciones precisas sobre el viaje al más allá: se explica cómo sortear peligros, pasar pruebas o responder a los guardianes del Hades; se exhorta al iniciado a no beber de las aguas del Leteo, aunque tenga mucha sed, pues es preciso que recuerde todos los rituales que realizó en vida y en los que aprendió los pasos a seguir en ese trascendental viaje para poder romper las ataduras con lo terrenal y acceder a lo divino.

Descubrimos también alguna pista sobre ese misterioso conocimiento que proporciona la diosa, recurriendo de nuevo a la etimología. Se indica a los iniciados que no deben beber de las aguas del río del olvido, del Leteo. Como dice la profesora Ana Isabel Jiménez San Cristobal, *olvido*, en griego, es $\lambda\acute{\eta}\theta\eta$ (*lethe*) y, curiosamente, si a esta palabra le añadimos la partícula de negación «a», obtenemos una nueva palabra, $\alpha\lambda\acute{\eta}\theta\epsilon\iota\alpha$ (*aletheia*), que significa *verdad*.[7] Así pues, la verdad sería lo contrario al olvido; en este contexto, entonces, la verdad sería sinónimo de la memoria. Los iniciados deben recordar la Verdad pero en mayúsculas. Uno de nuestros poetas, seguramente inspirado por las Musas, conocía estos secretos:

> «¿Tu verdad? No, la Verdad,
> y ven conmigo a buscarla.
> La tuya, guárdatela».
> (ANTONIO MACHADO)[8]

Mnemósine es la memoria del origen de la creación y sus hijas, las Musas, preservan y perpetúan dicha memoria. Ellas, como los diferentes tonos de una misma voz, registran todas las combinaciones armónicas del sonido primigenio, de aquel sonido del que emana la música del mundo. Con sus bellos cantos, las hijas de la Memoria evocan esa Verdad, ese conocimiento ancestral que el alma del ser humano conoce pero ha olvidado en su largo caminar; esa trascendencia que anhelamos sin recordar que ya la poseemos, que es nuestra esencia más profunda; esa música que hipnotiza nuestros sentidos y nos lleva de vuelta a casa, al origen, al Olimpo.

Para entrar en el Olimpo...

Debemos, en primer lugar, tal y como hacían los poetas clásicos, pedir inspiración a las Musas para que guíen nuestros pasos, para que nos ayuden a despertar del sueño del olvido y nos permitan acceder a la memoria de la Belleza, para que nos muestren la Verdad.

Debemos, seguidamente, dejarnos seducir por ellas, abrir –con valentía– el corazón a su canto, renunciando a la rigidez del mero intelecto y acogiendo con humildad sus enseñanzas. No es sencillo empezar a ver o a comprender. Una flor deja de ser una flor para volver a ser una flor. El canto de un pájaro puede emocionar hasta las lágrimas y la caricia del viento acaba siendo convertida en poesía cuando las Musas te acompañan.

Debemos, finalmente, permitirnos recordar lo que de verdad somos, tener la valentía de integrar ese conocimiento y caminar, con serenidad, hacia ese objetivo, hacia ese lugar al que estamos destinados. Debemos caminar hacia el Olimpo.

II. Teseo y el Minotauro

«Una vez que arribó a Creta, de acuerdo con los escritos
y cantos de la mayoría, recibió de la enamorada Ariadna el hilo e,
informado de cómo pueden recorrerse las espirales del laberinto,
mató al Minotauro y se hizo a la mar llevándose
a Ariadna y a los jóvenes».

(PLUTARCO)[9]

Existen muchos héroes en la mitología griega pero, sin duda, Teseo es uno de los más conocidos gracias a que consiguió vencer al Minotauro, aquel famoso monstruo, mitad hombre, mitad toro, que habitaba en el laberinto de Creta. Pero, vayamos por partes, pues, antes de llegar a este momento culminante, la vida y la historia de Teseo —como un presagio del dédalo al que después tendría que enfrentarse— tuvieron incontables altibajos y dieron innumerables vueltas.

El héroe era hijo del rey ateniense Egeo y de Etra, hija a su vez de Piteo, rey de Trecén. Sin embargo, en algunas tradiciones aparece como descendiente de Poseidón, dios del mar. Esta doble filiación es muy habitual en los héroes griegos y comporta la unión de una divinidad con una persona mortal, sugiriendo que la fusión de las fuerzas celestiales con las terrenales proporciona al hijo un poder superior, una fuerza sobrenatural.

Cuenta el mito que Egeo, preocupado por no haber podido tener hijos, había ido a consultar el oráculo de Delfos, obteniendo –como era habitual– una respuesta poco clara: «Del odre el saliente pie, ¡con mucho el mejor de los hombres!, no desates antes de arribar al pueblo de Atenas».[10] Un tanto desconcertado, Egeo se dirigió a Trecén y allí compartió con el rey Piteo la profecía. Este enseguida comprendió que la pitonisa pronosticaba que el rey engendraría a un hijo de la primera mujer con la que yaciera, por lo que se las arregló para emborracharlo y poner a su hija Etra en su lecho, pues la muchacha había sido previamente violada por Poseidón. De esta unión –o uniones– nacería Teseo.

El niño pasó los primeros dieciséis años con su madre en Trecén, sin conocer su origen, pues Egeo temía a sus sobrinos, los Palántidas, que aspiraban al trono de Atenas y prefirió dejarlo con ella. Sin embargo, el rey escondió su espada y sus sandalias bajo una roca, con las instrucciones de que su hijo las recuperara cuando fuera suficientemente fuerte como para mover la piedra. Así pues, una vez cumplida esta edad, Teseo recogió los $\gamma\nu\omega\varrho\iota\sigma\mu\alpha\tau\alpha$ (*gnorísmata*) o *prendas de reconocimiento* que le había dejado el padre y comenzó el épico periplo, lleno de aventuras y plagado de pruebas, que sellaría su destino heroico.

Un héroe es un personaje destacado que encarna el ejemplo a seguir en una cultura determinada; es el arquetipo en el que se mira una civilización y el paradigma idealizado por el que esta se siente representada. El héroe siempre tiene –o adquiere en su proceso– habilidades fuera de lo común, aunque, en realidad, lo que más le caracteriza es su valentía en el momento decisivo en que debe afrontar los desafíos que la vida le presenta.

Habitualmente, en los mitos y leyendas que hablan de ellos, los héroes se ven enfrentados a duros retos, amenazas y desafíos, todos ellos con un profundo significado simbólico. Dichos episodios representan las diferentes etapas de lo que se ha llamado el proceso iniciático, a través del cual el individuo lleva a cabo una serie de ritos de paso, tras los que adquiere ciertos conocimientos y ciertos derechos que justificarán una transformación de su estatus y una mejora del mismo. Este proceso iniciático, que ha sido muy estudiado, fue definido por Arnold van Gennep,[11] quien lo dividió en tres etapas: una fase de separación, en la que la persona es apartada de su entorno habitual; un periodo de transición, en el que el individuo no tiene aún una identidad definida; y un último estadio que consiste en la integración, tras la cual se convierte en miembro de pleno derecho de un grupo o una sociedad concreta. Estos ritos iniciáticos conllevan siempre la idea de dejar algo atrás para empezar algo nuevo y están relacionados también con el simbolismo de la muerte y el renacimiento, propio de muchos de los mitos griegos. Los héroes deben dominar una serie de pruebas para conseguir dicho estatus, para morir como humanos y renacer como semidioses, para pasar a la historia y, en definitiva, para entrar en el Olimpo.

El mito de Teseo es un claro ejemplo de este proceso. El héroe tendrá que superar una serie de desafíos, concretamente nueve, para alcanzar tal condición. En los escritos homéricos, «nueve parece ser la medida de las gestaciones y las búsquedas fructuosas, y simboliza el coronamiento de los esfuerzos, el término de una creación».[12] Tradicionalmente, el número nueve simboliza el final de un ciclo y el inicio de otro nuevo (obsérvese que *nueve* y *nuevo* son dos palabras relacionadas etimológicamente), es el número del iniciado, pues posee en sí mismo todos los números simples y cierra el grupo de los números primarios. Nueve son las musas, nueve son los meses que dura un embarazo, los frutos del Espíritu Santo, los coros angelicales y los días que Deméter recorrió el mundo buscando a su hija Perséfone.* No es casualidad, pues, que los retos de Teseo fueran nueve, eso nos está anunciando ya la transformación que sufrirá el personaje a través de su recorrido vital.

Como hemos comentado más arriba, al héroe se le supone una doble filiación, en este caso, de Egeo y Poseidón, lo que confirma la naturaleza semidivina del personaje que, según cuentan los mitos, desde bien pequeño, da muestras de su valentía y singularidad. El periplo de Teseo se inicia cuando mueve la pesada roca que guarda los objetos de su padre –demostrando así que está preparado para recibirlos y para comenzar su viaje iniciático– y se encamina a Atenas. Tanto su madre como su abuelo le recomiendan que viaje por mar, para evitar los peligros, pero el héroe, deseoso de emular a Heracles,** elige la ruta terrestre. Veamos cuáles son sus desafíos, el abanico de pruebas que se irá desplegando para que Teseo pueda ir avanzando en el camino evolutivo de su iniciación.

---

* Véase el capítulo VIII.
** Véase el capítulo XIII.

En primer lugar, en Epidauro, se encontró con Perifetes, un hijo de Hefesto y Anticlea que atacaba a los caminantes con su maza de bronce. Teseo lo mató y se apoderó del arma. Mientras el bronce, para los griegos, simbolizaba la desmesura y la depravación, la maza se asociaba con la fuerza y el vigor; así pues, en manos del bandido esta maza de bronce era cruel, abyecta y dañina, pero, en cambio, en manos del héroe se convertía en un artefacto útil y eficaz que, a la vez, representaba su dominio sobre la agresividad y la violencia. A partir de este momento, el arma se convierte en uno de los atributos de Teseo, recordándonos, con este episodio, que lo malo no es dicha arma sino la mano que la empuña.

Su segunda hazaña tuvo lugar en el istmo de Corinto; allí se enfrentó con el gigante Sinis, hijo de Poseidón, dotado de extraordinaria fuerza, que era conocido como «el doblador de pinos» porque torturaba a los que se cruzaban en su camino, doblando estos dos árboles y atando entre ellos a sus víctimas para, después, soltar los pinos y desgarrarlas. Los dos árboles simbolizan la dualidad, las dos energías presentes en el universo: la masculina y la femenina. Doblados hacia el centro representaría que ambas energías estarían en equilibrio pero, al soltarlos e irse en direcciones opuestas, vemos que se separan y se alejan de ese eje central. Esto nos habla de la necesidad de armonizar ambas tendencias en ese punto medio que, en el ser humano, no es otro que el corazón.

En su tercer trabajo, Teseo mató a la cerda de Cromión, una fiera llamada Fea o Faya —el nombre lo recibió de la nodriza que la había criado— hija de Equidna y Tifón, que tenía aterrorizada a la población porque había dado muerte a muchas personas. Los cerdos suelen ser símbolo de la voracidad y de las tendencias oscuras, y este es uno de los episodios que representa la victoria del héroe sobre ellas.

En Megara, junto a las Rocas Escirionas, eliminó a un nuevo malhechor llamado Escirión. Su nombre viene de σκιρός (*skirós*), es decir, *terreno no cultivado, cubierto de maleza* y significa *hombre agreste, rústico*. El bandido obligaba a los viajeros que por allí pasaban a lavarle los pies y, entonces, los empujaba al mar donde una enorme tortuga los despedazaba. Habla este capítulo del peligro que entraña ponerse a los pies de lo salvaje, de lo inculto, de lo tosco. También del riesgo de sucumbir a una falsa humildad, de tener una actitud servil y de ser destruido por ello.

La quinta victoria tuvo lugar en el camino de Megara a Eleusis donde se enfrentó a Cerción, un héroe eleusino[*] que asaltaba a los viandantes, obligándolos a luchar con él para después matarlos. Teseo lo levantó por los aires, lanzándolo con fuerza contra el suelo y terminó aplastándolo. El mito nos habla aquí de que el iniciado debe recordar siempre que, al participar en los sagrados Misterios, ha sido elevado espiritualmente y su proceder tiene que reflejar el equilibrio y la armonía alcanzados al entrar en contacto con su Yo superior. No respetar dicha iniciación, como hace Cerción, y utilizar su poder o su conocimiento para el mal lleva inevitablemente a la caída. El iniciado nunca debe hacer un uso perverso o vil de su saber ni de sus habilidades.

---

[*] Los Misterios de Eleusis eran unos ritos iniciáticos en honor de las diosas Deméter y Perséfone que fueron muy importantes en la antigua Grecia. Se celebraban anualmente y tanto las creencias como la ceremonia eran guardadas en el más absoluto secreto. Parece ser que eran rituales relacionados con la vida después de la muerte.

Su última hazaña antes de llegar a Atenas le enfrentó a Procrustes, un bandido también conocido como Damastes. Este, a pesar de ser, en un primer momento, amable y complaciente con los viajeros a los que hospedaba, después los torturaba, invitándolos a dormir en uno de sus dos lechos. A los peregrinos altos, los acostaba en una cama muy corta y, a los bajos, en otra que era muy larga. Acto seguido, para adaptarlos a la cama, a unos les cortaba los pies y a los otros los estiraba violentamente. Teseo lo martirizó de la misma forma para acabar con él. Hoy en día, existe en psiquiatría un síndrome con su nombre, que define a la persona que es intolerante o tiene miedo a lo diferente, a aquella que quiere que todo se ajuste a lo que ella piensa. Aquí, el aprendizaje que el mito propone consiste justamente en la necesidad de ser flexible, de reconocer como válidas las ideas del otro, de no tener miedo a lo que es distinto o a lo que se aleja de nuestros parámetros. El relato nos invita a abrir la mente para aceptar y comprender, pero también a no obcecarnos en que todo sea como nosotros pensamos que debe ser. Comprensión y aceptación.

Antes de entrar en Atenas, Teseo llegó hasta el río Céfiso, donde se encontró con los descendientes de Fítalo, un antiguo héroe ático, quienes lo acogieron y lo purificaron de todos los homicidios que había cometido en su recorrido. Sabemos que, en el proceso alquímico, en el camino de la transformación del metal vil en oro, la primera operación era la purificación. Y, como explica el profesor Raimon Arola, debemos recordar que «la verdadera alquimia es de orden espiritual y no material».[13] Teseo, pues, sabedor de que necesita expiar los crímenes perpetrados, es purificado sobre un altar de Zeus.

El héroe es aquel que se transforma, el que es permeable, aquel que permite que lo que le va sucediendo –las pruebas que afronta y los demonios que vence– deje huella en él. Y será precisamente ese proceso, esa transformación, lo que le convierta en un héroe. La semilla de la heroicidad está previamente presente en él, pero es el proceso lo que hace que dicha semilla fructifique, que esa transformación se materialice.

Una vez en la ciudad, se dirigió al palacio de su padre que reinaba acompañado de la hechicera Medea. Esta, tras haber huido de Corinto, se había refugiado en Atenas donde había prometido a Egeo curarle la esterilidad por medio de su magia y, uniéndose a él, incluso le había dado un hijo: Medo. Aunque, en un primer momento, Egeo no reconoció a Teseo, la maga supo enseguida quién era, pues le precedía su fama de vencedor de monstruos y exterminador de bandidos. Tuvo miedo de que el héroe pudiera arrebatar el trono a su hijo y convenció al rey para que organizara un banquete en su honor y allí lo envenenase. Sin embargo, en mitad del ágape, cuando Teseo estaba a punto de beber la copa adulterada, sacó la espada que había heredado de su padre y este lo reconoció inmediatamente. Medea fue repudiada y expulsada de Atenas. Algunos mitos cuentan, sin embargo, que, antes del banquete, la maga había intentado destruir al héroe enviándole a luchar contra un toro que devastaba Maratón –y que, según se dice, era el famoso toro cretense–. Teseo lo redujo sin problemas y lo ofreció en sacrificio a Apolo. Y, en este caso, sería entonces, al sacar la espada, cuando Egeo reconoció a su hijo. Esta es la séptima hazaña del héroe; y, el hecho de que sacrifique el toro a Apolo, pone, además, al héroe en relación con este dios solar, lo que estaría simbolizando el brillo radiante de su alma, el conocimiento superior; sería la confirmación de que el héroe está ya preparado para enfrentarse a la bestia (este toro está relacionado con el posterior Minotauro), es decir, a los instintos más salvajes y primarios, a su parte más oscura y vil.

Tras derrotar a sus primos, los Palántidas, que aspiraban al trono de Atenas, llegamos al momento cumbre del viaje del héroe, a la lucha contra el famoso y temido Minotauro cretense. Cuenta el mito que Androgeo, hijo de los reyes de Creta, Minos y Pasífae, había resultado vencedor en todos los juegos atléticos organizados por Egeo en la ciudad de Atenas. Algunas versiones dicen que, tras sus victorias, el rey ateniense se sentía envidioso y lo envió a luchar contra el toro de Maratón, perdiendo, Androgeo, su vida en la batalla. Otros relatos explican que fue asesinado por sus contendientes cuando se dirigía a los juegos de Tebas. Sea como sea, Minos declaró la guerra a Atenas y, tras invadir el Ática y vencer a los atenienses, estos decidieron consultar al oráculo délfico que respondió que tenían que dar a Minos lo que este les pidiese. El cretense exigió un tributo de siete jóvenes y siete doncellas que debían ser enviados cada año a Creta para ser ofrecidos como alimento al Minotauro, el monstruoso hijo, mitad hombre y mitad bestia, que Pasífae había concebido al unirse con un toro y que, al ser peligroso por alimentarse de carne humana, estaba encerrado en el laberinto. Aquí, el par dual de jóvenes y doncellas estaría hablándonos nuevamente de los principios masculino y femenino; y, por otro lado, la cifra elegida – el siete– es un número considerado mágico y perfecto ya desde la Antigüedad: siete eran los sabios de Grecia, siete las colinas de Roma, siete los planetas, los días de la semana, siete los sentidos, los chakras del hinduismo, las maravillas del Universo y los rayos en los que se descompone la luz –las siete frecuencias que constituyen la Unidad–. Siete serán, después, las virtudes teologales y siete los pecados capitales. Para el médico Hipócrates, el mundo se componía de siete órdenes o niveles. «El conocimiento se construye con siete figuras. Todo eso lo ejecuta el hombre, tanto el que sabe de letras como el que no sabe. A través de siete estructuras también se construyen las sensaciones del hombre (…) y gracias a estos sentidos le llega al hombre el conocimiento».[14] Existen, además, siete sistemas cristalinos, siete grados de perfección, siete capas de la tierra y siete fases visibles de la luna.*

El tercer año, Teseo se ofreció voluntario para ser uno de los siete jóvenes enviados a Creta. Aquí volvemos a encontrar un número simbólico. Para los pitagóricos, el tres era la cifra de la armonía universal porque estaba compuesta del uno más el dos, es decir, de la unidad y de la diversidad. Por otro lado, recordemos que los seres humanos vivimos en un mundo dual siendo trinos, pues estamos compuestos de cuerpo, alma (entendida como psique) y espíritu. Así pues, el tres posee también un significado profundo.**

Antes de partir, Teseo acordó con su padre que el barco llevaría velas negras en su viaje de ida, como símbolo de la siniestra y terrorífica misión que iba a realizar y, si conseguía consumar

---

* Para más información sobre el número siete, véase el capítulo XVI, dedicado a Odiseo y a Penélope.
** Hablaremos más de este número en el capítulo V, dedicado a las Cárites.

la hazaña y derrotar al monstruo, las cambiaría por velas blancas en el viaje de regreso.

Una vez en Creta, y antes de ser encerrado en el laberinto con sus compañeros, el héroe conoció a Ariadna, la hija de Minos, que se enamoró de él y decidió ayudarlo, a condición de que después se casara con ella y la sacara de la isla. Según la versión más extendida, la princesa le dio un ovillo de hilo y le explicó cómo utilizarlo para salir del laberinto: debía atar un extremo en la entrada del dédalo y llevar la madeja siempre en la mano, para que fuera dejando el rastro y poder regresar por el mismo camino. Teseo mató al Minotauro, según algunas versiones, a puñetazos porque, en el laberinto, no estaba permitido entrar con armas, aunque en otras versiones y en algunas imágenes (como en la famosa *Copa de Aison*, actualmente en el Museo Arqueológico Nacional) aparece llevando una espada.

El simbolismo de este pequeño fragmento es muy rico en contenido; veamos todo lo que nos cuenta. Comencemos con el Minotauro y lo que este significa: es una bestia mitad hombre mitad toro y, como tal, representa la pasión animal, los bajos instintos, lo oscuro, lo salvaje, lo vil; es el símbolo del ego o de la sombra, de todo aquello que no queremos reconocer en nosotros y mantenemos oculto en lo más profundo de nuestro ser. Por otro lado, Teseo, el héroe que, tras realizar una serie de pruebas que conllevaban sacrificios sangrientos, se había purificado y había sacrificado un toro a Apolo –al Sol–, vinculándose así con la Luz y lo divino, sería exactamente su opuesto. La lucha de los opuestos es el combate entre la naturaleza terrenal y la naturaleza divina, siendo, ambos adversarios, dos caras de una misma moneda. La contienda entre Teseo y el Minotauro es la batalla definitiva del héroe: la lucha contra sí mismo. Teseo se enfrenta a su propia oscuridad y resulta vencedor. Matar al Minotauro significa integrar dicha oscuridad, ponerle luz, hacerla consciente.

Me gusta imaginar el momento en que Teseo y el Minotauro se vieron por primera vez, quizás se miraron a los ojos y supieron que ambos eran uno. Quizás se sorprendieron reconociéndose. Quizás la lucha fue encarnizada o, quizás, como sugirió Borges, «el Minotauro apenas se defendió».[15] Sea como sea, Teseo salió vencedor del laberinto.

Se ha dicho que el laberinto podría ser una representación del inconsciente, pues es el lugar donde existe el peligro de perderse. En el siglo xv, el físico Giovanni Fontana[16] escribió: «En el pequeño tratado sobre laberintos he diseñado varios, según cinco tipos de figuras de mi invención, diferentes entre sí, en los que hay caminos sin salida, digresiones, extravíos, sinuosidades, confusiones, miedos, circunvalaciones, desvíos, vueltas atrás y conversiones, que engañan a quien entra». Y, así, el laberinto se convierte, como señalaba el famoso historiador de las religiones Mircea Eliade, en un símbolo de la existencia humana.[17] Recorrer el laberinto sería, entonces, una metáfora de la vida, un proceso iniciático en el que la persona camina –a veces a ciegas, a veces plena de luz– con el objetivo de llegar al centro, a ese lugar sagrado donde se encontrará consigo misma. No es un viaje fácil, pues lo desconocido puede resultar aterrador. Y, para emprenderlo, es necesario que esté preparada, ya que en dicho centro –que no es otra cosa que el suyo propio–, como si de una sala llena de espejos se tratara, la persona se verá reflejada con toda claridad. Ese encuentro –que supone una revelación–, así como la posterior lucha contra su sombra –en realidad, su integración–, se dan en el núcleo del dédalo, y esto tiene una razón de ser, pues el laberinto, «símbolo de un sistema de defensa, anuncia la presencia de algo precioso o sagrado».[18] Es por eso por lo que la batalla sucede en ese espacio oscuro, secreto, sacro. El centro del laberinto es el sanctasanctórum, el lugar en el que sólo puede entrar el iniciado, el que ha demostrado ser digno de acceder a la revelación del Misterio. Teseo ha realizado numerosas pruebas, se ha purificado después y está preparado ya para derribar todos sus muros. Sólo el puro de corazón es capaz de llegar al santuario y encarar ese combate definitivo, la batalla que únicamente los valientes pueden llevar a cabo: la lucha contra sí mismo, tras la cual, tendrá lugar la epifanía o la comprensión de su verdadera naturaleza. El camino al Paraíso, ya lo mostró Dante Alighieri, comienza en el Infierno. En toda vida humana, hay un momento en que la persona debe mirar hacia el interior para conocer –o reconocer– lo que de verdad Es.

«(…) mira adentro.
¡No te lo pierdas!
No vivas sin ver, sin conocer
esta definitiva y cegadora belleza,
mira y sé,
no pienses –mira adentro–
y sabrás quién Eres».
(David Carse)[19]

Otro aspecto de este episodio que es importante destacar es la contribución fundamental de Ariadna. Ella le entrega el hilo –que, por un lado, simboliza el inicio de su relación y, por otro lado, es el hilo de oro del conocimiento– que le guiará en el laberinto y le ayudará a salir de él. Teseo resulta vencedor en el combate pero su odisea no acaba ahí, debe volver a la superficie y, para ello, necesita un hilo, el hilo de Ariadna, ese hilo del conocimiento, ese hilo del amor. Sin el amor que le entrega la heroína –cuyo nombre significa *la de gran pureza*–, Teseo corre el riesgo de permanecer dando vueltas por el laberinto que ha sido testigo de su victoria, de quedarse atrapado, enredado entre el orgullo y la autocomplacencia. Ariadna, con su sabiduría femenina, su conocimiento puro y su amor, dará al héroe la fuerza que necesita para atreverse a iniciar ese camino laberíntico de exploración de sus zonas oscuras.

Una vez terminada su misión, Teseo y Ariadna partieron rumbo a Atenas. Sin embargo, en un momento del trayecto en que estaban haciendo escala en la isla de Naxos, el héroe abandonó a la muchacha, que se había quedado dormida. Como sucede con muchos mitos, existen diferentes versiones sobre los motivos de Teseo: algunas dicen que estaba cautivado por una nueva mujer; otras, que Dioniso había raptado previamente a Ariadna, o que fue el dios quien le ordenó marcharse porque estaba enamorado de ella; e incluso que el barco fue empujado accidentalmente por un golpe de viento y una tormenta. Retomaremos el tema de Ariadna más adelante,[*] de momento, la dejamos dulcemente dormida en Naxos...

---

[*] Véase el capítulo XVIII.

Entre tanto, después de hacer otras escalas, Teseo llegó con su nave a Atenas pero, bien porque estaba preocupado por haber dejado a Ariadna, bien porque estaba excitado y alegre debido a su victoria, olvidó que había prometido a su padre cambiar las velas negras por las blancas. Egeo, que pasaba los días oteando el horizonte a la espera de ver llegar el barco de su hijo, al ver que el navío llevaba aún las velas negras lloró desconsolado por la pérdida de Teseo, antes de lanzarse al mar que, desde entonces, lleva su nombre. Estando en el Ática, me contaron que las islas griegas son las lágrimas que derramó Egeo al pensar que su hijo había fallecido.

A menudo, este episodio del mito se ha interpretado a la luz de la psicología freudiana, que lo relaciona con la necesidad que tiene el ser humano, en una etapa de su vida, de *matar al padre*. Evidentemente, esto no se puede interpretar de forma literal, sino que es una metáfora que explica el momento en que una persona debe superar su relación de dependencia con la figura paterna y tomar las riendas de su propia vida de forma autónoma. También se podría enmarcar dentro de la visión cíclica de la existencia en la que el padre debe morir para que el hijo ocupe su lugar.

Teseo sucedió a Egeo en el trono de Atenas, llevando a cabo una buena labor política, construyendo edificios, instaurando fiestas, organizando expediciones –parece ser que participó en la búsqueda del vellocino de oro– y venciendo enemigos como las amazonas. Tuvo un hijo, Hipólito, con la amazona Antíope, a la que después repudió para casarse con Fedra –hija de Minos y Pasífae y, por lo tanto, hermana de Ariadna– con la que tuvo también dos hijos, Demofonte y Acadamante. Existen otros capítulos de la vida de Teseo relacionados con estos hechos, pero no voy a tratarlos aquí, pues nos interesa centrarnos en el viaje del héroe. Tras la victoria sobre el Minotauro, a pesar de que es la hazaña más conocida de Teseo, su aventura heroica todavía no está completa, le falta un paso más: la catábasis, el descenso a los Infiernos, fundamental para que el viaje culmine, para que la transformación se haga efectiva. La catábasis es necesaria con el fin de que el héroe muera, es decir, renuncie a todo aquello que solía ser, a todo con lo que solía identificarse, para retornar transformado a la superficie. Vemos en muchos mitos que este es un paso esencial del viaje para alcanzar el Olimpo. Teseo lo lleva a cabo pero también, como sabemos, lo harán otros héroes y heroínas: Odiseo, Heracles, Psique... Para unirse definitivamente a lo divino hay que abandonar el mundo —lo mundano— y volver a nacer renovado. Se trata, sin duda, de una muerte simbólica. La catábasis va unida a la anábasis, o el retorno. El descenso al Hades supone, para cualquier persona, la muerte; sin embargo, para el héroe, dicho acontecimiento constituye una etapa —la última y definitiva— de su camino e implica una metamorfosis, la culminación de un proceso: catábasis y anábasis, muerte y resurrección. Es el noveno trabajo de Teseo —aunque, para algunos autores, es un descenso al Hades controvertido porque sus motivos son cuestionables, y eso ha provocado dudas sobre si puede calificarse de una catábasis arquetípica—. Veamos cómo se desarrolla este episodio: Teseo y su gran amigo Pirítoo habían decidido que querían casarse con dos hijas de Zeus y optaron por Helena y Perséfone. En primer lugar, se dirigieron a Esparta y raptaron a Helena; después, echaron a suertes quién se la quedaría y le tocó a Teseo. Este, como la heroína era aún muy joven, la dejó al cuidado de su madre Etra. Partieron, entonces, al Hades, a buscar a Perséfone. El descenso a los Infiernos le costaría a Teseo el reino, pues Helena fue rescatada por sus hermanos, los Dioscuros, quienes, en venganza, pusieron a Menesteo en el trono de Atenas. En el Inframundo, fueron recibidos por Hades, quien simuló una gran amabilidad, invitándoles a un banquete pero, después, los clavó a sus asientos y ya no pudieron levantarse, quedando prisioneros. Teseo consiguió escapar, al ser liberado por Heracles, pero Pirítoo no obtuvo autorización para volver a la tierra y quedó eternamente sentado en la *silla del olvido*.

Así pues, en el noveno y último trabajo, Teseo desciende al Hades y aunque, como ya se ha dicho, los motivos son controvertidos, es cierto que esa catábasis implicará algo que también es fundamental en el camino del héroe, a saber: el perder o el desprenderse de lo más importante que posee, en su caso, el trono de Atenas. Es después de esa separación cuando el héroe logra la verdadera integración espiritual.

Ser un héroe es tener parte divina y parte humana, ser un héroe es oscilar entre ambas. Ser un héroe es atravesar numerosos laberintos, superar diferentes desafíos, avanzar, retroceder, dudar, caer, levantarse; ser un héroe es tener miedo pero seguir adelante, es recorrer un camino de constante mejora personal, para alcanzar ese Olimpo al que todos estamos destinados.

Para entrar en el Olimpo...

Debemos reconocer que también nosotros tenemos una naturaleza semidivina, que en nuestro interior está la semilla de la heroicidad y que es nuestra prerrogativa iniciar el camino para enfrentar los retos que se nos presenten. El héroe intuye que tiene, dentro de sí, esa fuerza y algo le dice que su esencia divina prevalecerá sobre su esencia terrenal. Como él, debemos escuchar esa voz interior, esa intuición.

Debemos, con este conocimiento en mente y con el objetivo de empezar el viaje, estar preparados para levantar la roca y obtener los objetos –las cualidades– que nos deja el padre –y la madre–, pero debemos también reconocer el momento de dejar atrás la tutela de nuestros progenitores y tomar la plena responsabilidad sobre nuestra vida y nuestras acciones.

Debemos saber que, en el camino, aparecerá lo que tenga que aparecer, lo que sea necesario para nuestra evolución, para que podamos llevar a cabo nuestro proceso e incorporar todos los conocimientos que tengamos que incorporar.

Debemos tener la seguridad de que, cuando nos llega una prueba, en nosotros están ya las habilidades necesarias para encararla. Esa confianza en nuestras capacidades será básica para desarrollar el valor que precisamos para afrontar los retos y superarlos.

Debemos atrevernos a seguir adelante, sin importar lo oscuro que parezca el camino; debemos ser capaces de vernos con claridad, de descender a nuestras profundidades y, una vez ahí, hacer frente a nuestros monstruos y vencerlos, que, en realidad, no es otra cosa que reconocerlos e integrarlos. Con humildad. Con paciencia. Con suavidad. No sabemos qué era lo que pensaba Teseo antes de cada desafío: ¿dudaba?, ¿tenía miedo? Lo que sí sabemos –y es justamente lo que le convierte en héroe– es que se enfrentaba a ellos con valentía. Como él, debemos abordar lo que venga a nosotros con coraje.

Debemos, asimismo, ser capaces de derribar nuestros muros y soltar los lastres que nos impiden avanzar (que pueden ser posesiones pero, también, creencias –sobre uno mismo o sobre la vida–). Con amor pero con decisión. Entendiendo que lo único que necesitamos en el camino es lo que ya llevamos dentro de nosotros.

Debemos, finalmente, recordar que todos los desafíos que encontramos en el viaje, todos los monstruos que nos aterrorizan no son más que proyecciones propias que nos asusta reconocer, y que la verdadera victoria del héroe, la que realmente le hace evolucionar, es el reconocimiento e integración de todas esas imágenes y el triunfo sobre ellas. Alcanzar la gloria no es otra cosa que comprender lo que verdaderamente Somos y permitirnos Serlo.

III. Sísifo

> «Ahora se dice que, por su impiedad,
> hace rodar en los Infiernos monte arriba
> una roca empujándola con sus hombros.
> Cuando ha logrado llevarla hasta la cumbre,
> de nuevo cae rodando hacia abajo tras él».
> (Higino)[20]

Aunque algunos personajes de la mitología grecorromana son famosos por sus proezas y grandes acciones, otros lo son justamente por lo contrario. Es el caso de Sísifo. Casi todos hemos oído hablar de este controvertido antihéroe, cuyo horrible castigo por haber provocado la ira de los dioses fue la condena eterna a subir una roca hasta la cima de una montaña; en cuanto llegaba arriba, el pedrusco caía de nuevo y el desdichado tenía que volver a empujarlo hasta la cumbre, lo que convertía su tarea en algo repetitivo, irracional y completamente inútil. Pero ¿era realmente una tarea disparatada?, ¿qué sentido tenía o qué mensaje podemos extraer de esta historia? Se ha hablado mucho de este mito y de su significado, sobre todo porque, a mediados del siglo XX, el filósofo existencialista Albert Camus le dedicó un ensayo,[21] en el que lo interpretaba como una metáfora de la condición humana, determinada por el absurdo, relacionándolo con la infructuosa búsqueda del sentido y la verdad, en un universo indiferente y carente de significado; según él, el momento verdaderamente trágico de la historia era cuando el protagonista tomaba conciencia de su miserable condición y así, a partir de ahí, al reconocer la inutilidad de su tarea y la certeza de su destino, podía ser libre para comprender lo descabellado de su situación y alcanzar un estado de aceptación satisfecha. Sin embargo, me gustaría proponer una lectura alternativa.

Empecemos por el principio, ¿quién era Sísifo? Hijo del rey Éolo –origen de la tribu de los eolios– y de Enáreta, se decía de él que era el más astuto pero también el menos escrupuloso de los mortales. Fundó la ciudad de Éfira, que más tarde se llamaría Corinto, y fue su primer rey, ejerciendo un gobierno despótico. Su esposa era Mérope, una de las Pléyades, hijas del gigante Atlante y la ninfa Pléyone, y con ella tuvo cuatro hijos: Glauco, Ornitión, Tersandro y Halmo. Algunas versiones de su mito le hacen, además, padre de Odiseo, por haber seducido a Antíclea, la hija de su vecino Autólico.

Respecto a este último, se cuenta que era experto en hurtos, pues su padre, el dios Hermes, le había dado el don de poder robar sin ser sorprendido. Así, cada día, los rebaños de Sísifo iban disminuyendo sin que este pudiera acusar a Autólico del pillaje. Finalmente, el astuto rey ideó una treta para poder demostrar el expolio: grabó las pezuñas de sus animales con su nombre (según otras versiones, lo que escribió fue «Robado por Autólico») y pudo, así, poner en evidencia a su vecino.

Según el escritor Higino, cuando, a la muerte de su padre, su hermano Salmoneo usurpó el trono de Tesalia que a él le correspondía, Sísifo fue a consultar el oráculo de Delfos para saber cómo podía matarlo. En respuesta, se le dijo que debía engendrar hijos con su sobrina y que estos le vengarían. Así pues, sedujo a Tiro, la hija de Salmoneo, y la pareja tuvo gemelos. Pero la muchacha, al saber el motivo de su seducción, mató a los dos niños. Acto seguido, el poco escrupuloso Sísifo acusó a su hermano de incesto y asesinato, consiguiendo que lo expulsaran de Tesalia. Algunos mitos achacan su castigo en el Hades a esta historia de impiedad.

Sin embargo, otras versiones apuntan a que la eterna condena se debió a que había desafiado a las divinidades. Si algo no soportan los dioses griegos es la ὕβρις (*hibris*), es decir, la desmesura que proviene del orgullo y de la arrogancia. Encontramos muchos mitos en los que los seres humanos provocan a las divinidades, pensando que están por encima de ellas, que pueden engañarlas, que sus tretas serán pasadas por alto. Y, sin embargo, la ὕβρις es una falta que los dioses jamás perdonan. Al menos, los dioses grecorromanos.

Así pues, según estas otras versiones, Zeus había raptado a Egina, la hija del dios-río Asopo, y este, al salir a buscarla, pasó por Corinto, donde Sísifo acordó con él que le revelaría el nombre del raptor a cambio de que hiciera brotar un manantial de agua en la ciudad. Sísifo delató entonces a Zeus que, en venganza, le envió a Tánatos, la muerte. Sin embargo, con sus artimañas, el rey consiguió capturar y encadenar a Tánatos, provocando que, durante un tiempo, no hubiera muertes entre los seres humanos. Zeus se vio obligado a intervenir de nuevo y a liberar a la muerte, haciendo que Sísifo fuera su siguiente víctima. No obstante, antes de morir, el tramposo monarca había ordenado en secreto a su esposa que no le rindiera los homenajes fúnebres necesarios, por lo que, al llegar a Hades, los dioses del Inframundo se lo reprocharon; Sísifo, acusando a su mujer, pidió permiso para volver a subir a la tierra a castigarla. Una vez más, su ὕβρις le hizo pensar que había podido engañar a los dioses y se había salido con la suya. En algunos mitos se cuenta que consiguió evitar volver a los Infiernos durante muchos años y vivió hasta la vejez; otros dicen que los dioses le obligaron a volver inmediatamente al Inframundo. En lo que todos los autores coinciden es en que, al morir, se le puso un castigo ejemplar para tenerlo ocupado y que no tuviera tiempo de urdir más fechorías ni tampoco pudiera volver a escapar.

Fuera cual fuera el motivo, el castigo de Sísifo consistía, como ya se ha mencionado, en que tenía que subir una enorme roca a la cima de una colina y, al llegar allí, esta volvía a caer hasta la base, obligando al infeliz a empujarla hacia arriba otra vez. Robert Graves[22] propuso que la piedra de Sísifo sería originalmente el disco solar y la colina por la que la hacía rodar sería la bóveda celeste, con lo que este mito estaría explicando la salida y la puesta del sol, el recorrido diario del astro por el cielo. Es una bonita explicación pero creo que se puede profundizar más.

En su *Diccionario de los símbolos*, Chevalier y Gheerbrant plantean la que, en mi opinión, es la interpretación más interesante de este mito. Para ellos, la roca que Sísifo tiene que subir y que después vuelve rodando hacia abajo, para obligarle a recomenzar el trabajo, sería una metáfora de «la insaciabilidad del deseo y la perpetuidad de la lucha contra su tiranía:

satisfecho, consumado, sublimado, renace y vuelve siempre bajo alguna forma».[23] Así, el castigo de Sísifo sería una metáfora de la condena del ser humano a estar siempre encadenado a unos deseos terrenales que nunca puede satisfacer del todo, ya que lo que le une a ellos no es tanto el hecho de conseguir algo concreto sino el anhelo mismo producido por el acto de desear; la obtención de un deseo no elimina la ansiedad o el vacío interior latente, sino que provoca que ese desasosiego se dirija hacia un nuevo objetivo, reiniciándose una vez más el repetitivo proceso. Sísifo no entra en el Olimpo, porque el peso de sus deseos es un lastre demasiado grande y queda encadenado a su propio afán. Esclavizado por sus anhelos, él mismo construye las cadenas que lo atan a su propia trampa.

Por otro lado, es interesante darse cuenta de que los mitos, en ocasiones, nos muestran lo que debemos hacer y, en cambio, otras veces, nos enseñan justo lo contrario, lo que es necesario evitar. En este caso, el relato nos presenta a un personaje orgulloso y arrogante, que cree que puede engañar a los dioses y que, al ser famoso por su astucia, piensa que es más listo que nadie. Y vemos que esa soberbia será otra de las cadenas que aprisionan a este antihéroe, atándolo al Hades, al mundo de los deseos terrenales, e impidiéndole entrar en el Olimpo, pues, como afirman los místicos, las puertas se abren ante la inocencia y la sencillez más que ante la sagacidad y la vanidad:

> «El amor es el arca destinada a los justos
> que anula el peligro y proporciona una vía de escape.
> Vende tu astucia y compra asombro».
> (JALĀL AL-DĪN RUMI)[24]

Con otras palabras, también la Biblia lo deja muy claro: «Os aseguro que, si no volvéis a ser como niños, no entraréis en el reino de los cielos» (Mt 18, 1-5.10).

Solamente una vez, en toda la eternidad, se interrumpió la cruel condena de Sísifo y fue cuando el famoso poeta y músico Orfeo descendió a los Infiernos en busca de su amada Eurídice, pues sus dulces y melancólicas melodías consiguieron ablandar incluso el corazón del implacable Hades y, por un momento, cesaron todos los castigos que allí tenían lugar.

Para entrar en el Olimpo...

Debemos, en primer lugar, descubrir cuáles son los deseos que nos encadenan. Una vez descubiertos, debemos observarlos, investigarlos, analizarlos. Averiguar si somos nosotros los que los tenemos a ellos o si son ellos quienes nos tienen a nosotros. Un deseo no es algo malo en sí, pues nos estimula a movernos, a avanzar, a evolucionar, pero cuando, además de eso, nos encadena, cuando nos provoca ansiedad, cuando sentimos que no podemos vivir sin el objeto de dicho deseo, sí se convierte en algo dañino que nos roba la libertad y la capacidad de decisión. Por lo tanto, es importante discernir y actuar en consecuencia, emancipándonos de esas cadenas que ralentizan el avance hacia nuestro verdadero destino de héroes.

Debemos, además, recuperar la inocencia. Pero no la inocencia del niño que no sabe porque su vida justo comienza, sino la inocencia del que ha vivido, del que ha sufrido, del que sí sabe, del que, aunque por el camino perdió algunas ilusiones, rompió su corazón o sufrió múltiples desengaños, sigue creyendo que existe belleza en la vida, sigue pensando que vale la pena seguir adelante.

Debemos volver a mirar las cosas sin el velo de la astucia, del deseo, de la ambición. Debemos ser capaces de asombrarnos ante el milagro de estar vivos. Aquí y ahora.

IV. Narciso

«En el territorio de Tespias está lo que llaman Donacón.
Allí está la fuente de Narciso, en cuya agua dicen que Narciso se vio,
y, no comprendiendo que veía su propia imagen,
se enamoró de sí mismo sin darse cuenta,
y murió de amor en la fuente».

(Pausanias)[25]

Como sucede con otros mitos, la historia de Narciso tiene diferentes interpretaciones o niveles de lectura. Bien sabemos que, desde Sigmund Freud, este relato, que habla de un personaje *supuestamente* enamorado de sí mismo, ha dado nombre a un trastorno psicológico de la personalidad, en concreto aquel que caracteriza a individuos que tienen un sentido desmesurado de su propia importancia, así como una necesidad excesiva de atención y admiración –un comportamiento que, según la Dra. Jean Twenge[26] de la Universidad de San Diego, está alcanzando niveles de epidemia entre los adolescentes del siglo XXI, con el aumento del consumismo, la autopromoción en las redes sociales, la búsqueda de la fama a cualquier precio y el uso de la cirugía estética–.

Este primer análisis del mito que hace la escuela freudiana es de corte moralista y lo interpreta como una fábula didáctica en la que se destaca el castigo a Narciso por su soberbia, por no ceder al amor, por no quererse más que a sí mismo.

Conocemos este mito por varios autores, pero la versión más famosa es la que explica Ovidio en las *Metamorfosis*, que sigue también este esquema moralizante, según el cual, el orgullo y la vanidad del héroe serían la causa de su ruina y de su muerte.

Sin embargo, existe otra perspectiva bajo la cual se puede entender este relato, un enfoque más místico, en el que la historia de Narciso es interpretada como una búsqueda de trascendencia que se realizará a través de la introspección. El profesor Armando José Ríos, en su artículo sobre este tema,[27] incluye, en dicho enfoque, la obra de escritores como sor Juana Inés de la Cruz –en cuyo auto sacramental *El divino Narciso* compara al protagonista con Jesucristo–, José Lezama Lima o Paul Valéry, entre otros.

Su nombre, Narciso (Νάρκισσος, en griego), viene de la palabra νάρκη, que significa *aturdimiento, sopor, letargo*. Aquí tenemos ya un primer indicio de por dónde va a ir la historia: Narciso es un hombre aletargado. Como veremos, esta segunda explicación del mito, lo entiende como un proceso, a través del cual el héroe terminará despertando de dicho letargo.

Hijo de la ninfa Líríope y del dios-río Cefiso, que la violenta y la fuerza atrapándola entre sus olas, Narciso es un joven de extraordinaria belleza. Al nacer, el adivino Tiresias reveló a su madre que el niño viviría una larga vida, si no llegaba a conocerse a sí mismo –y aquí encontramos tra pista para la interpretación hermética de la historia, que desarrollaremos más adelante–.

El joven fue objeto de la pasión de muchos hombres y mujeres, pero permaneció siempre indiferente, rechazando cruelmente a cuantos pretendientes anhelaban su amor. Tal vez la más famosa de sus enamoradas fue la ninfa Eco. Esta había sido encargada por Zeus de distraer a Hera con largas conversaciones, mientras él cortejaba y seducía a otras mujeres. Cuando la diosa se dio cuenta del engaño, castigó a Eco condenándola a no poder hablar por sí misma y a repetir todo cuanto oía. A partir de ese momento, la ninfa no pudo ya comunicarse. Y fue entonces cuando se cruzó con Narciso, cayó perdidamente enamorada de él y empezó a seguirlo a escondidas por el bosque pero sin poder hablarle. Cuando, por fin, Narciso, sintiendo que no estaba solo, preguntó: «¿Hay alguien aquí?», ella sólo pudo responder: «Aquí». Siguió repitiendo las últimas palabras que él decía hasta que, finalmente, salió de la arboleda dispuesta a abrazarlo pero, también ella, se encontró con su rechazo. Cuenta el mito que, desde entonces, Eco vivió en grutas solitarias y se fue consumiendo de amor hasta que su cuerpo se evaporó y sólo quedó su voz, que aún hoy en día sigue resonando en las montañas. La conclusión que podemos extraer de la historia de esta ninfa es que el mal uso de la palabra, el hablar por interés o para engañar, acaba desembocando en la incomunicación.

Volviendo a Narciso, fueron tantos sus desprecios que acabó despertando la ira de Némesis, diosa de la Justicia que protege el orden cósmico y escarmienta a los mortales que pecan de desmesura. En la versión beocia del mito, se contaba que Aminias, uno de sus enamorados, siendo constantemente rechazado por Narciso, se acabó suicidando con la espada que este le había enviado pero, antes de hacerlo, pidió a los dioses que castigaran al bello joven a sufrir de la misma manera que él estaba sufriendo: «¡Ojalá se enamore como yo, y ojalá que, como yo, no consiga lo que ama!».[28]

Y sucedió que, deteniéndose para beber agua en un arroyo de Donacón, Narciso quedó enamorado de su propio reflejo. Encendido por el amor, el héroe intentaba besar y abrazar al bello muchacho que tenía enfrente pero, cada vez que se acercaba a él, este desaparecía. Cuando Narciso reía, el otro también lo hacía; cuando lloraba, el joven lagrimeaba con él. Así, incapaz de alejarse de la orilla y separarse de lo que ya había comprendido que no era otra cosa más que su propia imagen, el héroe fue, poco a poco, consumiéndose junto al río hasta que las fuerzas le abandonaron y falleció. Cuando fueron a buscar su cuerpo para practicar los ritos funerarios, solamente encontraron allí una flor azafranada, rodeada de pétalos blancos.

En la actualidad, la flor de narciso se suele relacionar con el inicio de la primavera. Florece entre marzo y abril, anunciando –con su forma de trompeta– la llegada de la nueva estación y se dice que simboliza la esperanza, la alegría y, sobre todo, el renacimiento.

Y es justamente dicho renacimiento lo que se esconde detrás de la interpretación más hermética o mística de este mito. Ya hemos comentado que el nombre de Narciso –un nombre parlante– nos remite al inicial estado adormecido de este personaje, cuyo proceso le llevará a darse cuenta de que «(…) el que ama y el amado son el mismo, mientras busca es buscado (…)».[29]

Uno de los más famosos aforismos del mundo griego, escrito en el tempo de Apolo en Delfos, recordaba, a cuantos allí entraban, la importancia de la autoindagación: *Conócete a ti mismo* (Γνῶθι σεαυτόν, *gnóthi seaftón*). Los griegos sabían que el autoconocimiento era clave, tanto para la evolución personal como para comprender el universo. Conócete a ti mismo, sí, pero no hablamos aquí de conocer al pequeño y cambiante yo –que también–, sino al gran Yo, a aquello que todos –y todo– somos en esencia. Y ese conocerse a sí mismo es lo que hará Narciso en este proceso que le llevará a convertirse en flor, como una bella metáfora de su unión con el Todo, con la Divinidad, con lo que Es.

> «Lo segundo, has de poner los ojos en quien eres, procurando
> conocerte a ti mismo, que es el más difícil conocimiento
> que puede imaginarse. Del conocerte saldrá el no hincharte
> como la rana que quiso igualarse con el buey, que si esto haces,
> vendrá a ser feos pies de la rueda de tu locura
> la consideración de haber guardado puercos en tu tierra».
> (Miguel de Cervantes)[30]

El hombre dormido despertará a través de ese conocimiento de sí mismo que también es uno de los consejos que Quijote da a Sancho, antes de su toma de posesión como gobernador de la ínsula Barataria.

Como parte de ese proceso evolutivo de autoindagación, el Narciso aletargado rechaza el amor humano –con todo lo que eso conlleva de incomprensión por parte del entorno– que podría distraerle de su verdadero objetivo. Y, en ese rechazo, se asemeja al Cristo apartándose de las tentaciones del diablo en el desierto o al príncipe Siddhartha Gautama, que triunfa frente a las provocaciones de Mara, el espíritu del mal y de la ignorancia, que intenta impedir que alcance la Iluminación que le convertirá en el Buda. Parece, entonces, que, para lograr esa anhelada trascendencia de la que hablábamos más arriba, es necesario superar una serie de pruebas, no rendirse ante seducciones banales, desenmascarar espejismos, superar barreras.

Así pues, alejándose de toda tentación, Narciso llega hasta el arroyo y, al asomarse a él, ve algo que nunca antes había visto: el universo entero reflejándose con él, en el espejo del río. El impacto que le produce la comprensión de que ya no está solo, de que forma parte de algo mucho más grande que él, hace nacer, por fin, en su corazón el Amor. La profesora Aída Beaupied lo expresa con gran belleza cuando dice que: «Narciso se disuelve en la naturaleza (...) porque ve su imagen reflejada en la creación».[31] El héroe, finalmente, comprende. Y esa comprensión conduce a la muerte de lo ilusorio, a la desaparición del cuerpo para fundirse con el Absoluto, para transformarse en flor, para, en definitiva, entrar en el Olimpo.

Para entrar en el Olimpo...

Debemos, en primer lugar, escuchar la llamada de nuestro corazón y confiar en que este sabe adónde nos lleva.

Debemos evitar dejarnos influir por el entorno si este nos hace dudar o sentirnos inseguros, retrasándonos en el camino. Es bueno cuestionarse y, evidentemente, se pueden hacer pausas, pero hay que seguir caminando. Caerse sí, levantarse también. Y si, en algún momento, descubrimos que la senda por la que andamos ya no es la correcta, nada ni nadie nos impide girar en el siguiente desvío y tomar otro camino.

Debemos ser capaces de preguntarnos quiénes somos, de mirarnos de verdad, sin máscaras, sin autoengaños. Conocernos para Reconocernos.

Y debemos, finalmente, comprender que formamos parte de algo mucho más grande que nosotros, que nuestro latido es el del Universo, que es nuestra voz la que utilizan los dioses y que son nuestras manos las que dan forma a la Belleza.

V. Las Cárites

«¡Oh, Yaco muy honrado que estas sedes habitas,
Yaco, oh Yaco,
ven a este prado a danzar,
acércate a estos sagrados romeros,
agitando en torno a tu cabeza
una corona de muchos frutos
cubierta de mirto,
y haciendo resonar con fuerte pie
la irrefrenable y bulliciosa,
la que de las Gracias mucha parte tiene,
la santa, la sagrada danza de los santos iniciados!»
(ARISTÓFANES)[32]

Las Cárites –más conocidas como las Gracias, su nombre latino– eran tres hermanas, Eufrósine (la gracia de la alegría), Talía (la gracia de la abundancia) y Aglaya (la gracia de la belleza), hijas, según la versión más aceptada, de Zeus y la oceánide*

---

* Las oceánides eran ninfas, hijas de los titanes Océano y Tetis, descendientes, a su vez, de Gea (la Tierra) y Urano (el Cielo).

Eurínome. Su nombre proviene de la palabra griega χάρις, (*jaris* o *gracia*) que, a su vez, deriva del verbo χαίρω (*jero*) o *alegrar*, pues ellas sembraban la alegría tanto en el corazón de los humanos como en el de las divinidades. Por ese motivo, fueron concebidas como las diosas que aportaban un júbilo festivo y mejoraban los disfrutes de la vida. Parece ser que, en su origen, habían sido deidades de la vegetación y, en este sentido, estaban relacionadas con las Horas. Habitaban en el Olimpo y también se las vinculaba a las Musas, apareciendo a veces como parte del séquito de Apolo, de Afrodita, de Hera, etcétera. Eran las diosas del encanto, de la naturaleza, el florecimiento, la fertilidad.

Las Cárites son mencionadas por diferentes autores (Hesíodo, Pausanias, Teócrito, Apolodoro, etc.), pero no hay un mito específico sobre ellas. Sin embargo, me ha parecido interesante incluirlas en este libro, tanto por las implicaciones que tienen, sobre todo debido a su representación en el Arte, como por la evolución de su significado.

Parece ser que fue Robert Graves el primero en hablar de la triple diosa, un concepto que se ha puesto de moda en los últimos años al haber sido adoptado por algunas tradiciones paganas modernas. La triple diosa estaría relacionada con la luna y sus ciclos, sin embargo, el concepto de la tríada o la trinidad aparece en prácticamente todas las religiones y, en muchas de ellas, con numerosos ejemplos: desde Egipto con Isis, Osiris y Horus como una de las más importantes; el mundo griego con Zeus, Poseidón y Hades o Hera, Atenea y Afrodita, entre otras; México con Huitzilopochtli, Tezcatlipoca y Quetzalcoatl; el hinduismo con Brahma, Visnú y Shiva o sus consortes Saraswati, Lakshmi y Parvati; e incluso en el cristianismo que, a pesar de ser una religión monoteísta, propone creencias como la Santísima Trinidad.

En el mundo griego, además de las divinidades principales ya mencionadas, encontramos múltiples tríadas de diosas menores: las Cárites, las Moiras, las Erinias, las Gorgonas, las Horas... Evidentemente, esto no es casualidad.

Como hemos comentado en el capítulo II, para Pitágoras y sus seguidores, el número tres era el «símbolo de la perfección, de la suprema armonía universal que conjuga la unidad con la diversidad»[33] (a las que ellos se referían como la mónada y la díada, que no eran consideradas números sino principios, lo que convertía al tres, de hecho, en el primer número). Era, además, el signo de la tríada divina, la manifestación de Dios en sí mismo. El tres, para los pitagóricos, representaba el tiempo, porque, en él, están el pasado, el presente y el futuro y era, además, un «número de significación sagrada por tener principio, medio y fin».[34] El catedrático de matemáticas Pedro Miguel González Urbaneja explica que «de aquí deriva la costumbre de que las oraciones, las libaciones, los conjuros y las fórmulas mágicas, las arengas y los gritos populares se repitieran tres veces. Los grandes personajes eran tres veces grandes».[35]

El tres se representa con un triángulo y esta figura geométrica siempre hace referencia a lo sagrado. Sabemos que el mundo se mueve en la dualidad (las dos energías, masculina y femenina) y, sin embargo, se manifiesta en la tríada (el número tres nos habla de las relaciones, de la unión de las dos energías para que surja la creación, algo que se comprende claramente con el esquema padre-madre-hijo). El tres es el centro entre las dos polaridades y es el campo de las infinitas posibilidades. Y, además, también en el ser humano encontramos esta trinidad, pues está formado por cuerpo, mente y espíritu.

Como hemos mencionado, las Cárites son tres y, en múltiples ocasiones, han sido representadas bailando en círculo, simbolizando –con su danza– el triple acto de dar, recibir y devolver. Así, Aglaya sería la belleza del dar, Talía, la abundancia del recibir y Eufrósine, la alegría del devolver. Aunque, en un primer momento, se representaban vestidas, ya en el siglo I, en época romana, empiezan a aparecer desnudas, lo que alude a la naturalidad de una danza, cuya música es la ley circular universal, el carácter cíclico de la manifestación. Como menciona el historiador Miguel Ángel Elvira Barba, alrededor del año 100 a.C. surgió «una fórmula que se convertiría en canónica: la que muestra a las tres figuras en estructura bidimensional, formando un grupo en el que una da la espalda al espectador y las otras se muestran de cara, todas ellas con las manos enlazadas».[36] Esta forma de colocarlas tiene también un significado simbólico, pues la que está dando la espalda sería Aglaya (la belleza del dar), mostrando que, cuando se da un regalo, no se debe hacer ostentación. Talía (o la abundancia del recibir) es la que queda de frente, ya que el don se debe mostrar y agradecer. Finalmente, Eufrósine (la alegría del devolver) estaría mostrando lo que le ha sido dado, pero ocultando la restitución del don. Cuenta también, el mismo autor, que el filósofo Séneca pensaba que «el que se den las manos en círculo muestra que la transmisión de beneficios revierte en todos; el que sean jóvenes indica que no debe envejecer el recuerdo de los beneficios recibidos, y el que aparezcan con las túnicas sueltas y transparentes señala que la gratitud no debe ser coaccionada y que las buenas obras deben divulgarse».[37]

Hay que destacar también que las Cárites se describen, principalmente, como deidades menores que están al servicio de otras divinidades, lo que nos recuerda que la verdadera alegría se encuentra en los círculos en los que el individuo puede entregarse a sí mismo y ofrecer su don a los otros. Vemos, entonces, que estas diosas prestan su gracia y su belleza a todo lo que deleita y eleva al ser humano y nos muestran que el verdadero placer está en la entrega.

«Poco dais si sólo dais de vuestros bienes.
Dais de verdad sólo cuando dais de vosotros mismos. (…)
Los hay que poco dan de lo mucho que tienen;
y dan para suscitar el agradecimiento,
y su oculto deseo corrompe sus dones.
Los hay que poco tienen y que lo dan por entero.
Estos creen en la vida y en la bondad de la vida,
y sus cofres no estarán nunca vacíos».

(KHALIL GIBRAN)[38]

Es interesante señalar que, un tiempo después, los primeros Padres de la Iglesia cristiana transformarían a las Cárites en las tres virtudes teologales: fe, esperanza y caridad.

Los lugares principales donde se rendía culto a las Cárites fueron Orcómeno (Beocia) y la isla de Paros. Allí se celebraba un festival denominado *carisía* (o *caritesía*, *caristía*), que era una fiesta de acción de gracias, y de esta palabra proviene nuestra *eucaristía* (*agradecimiento* o *acción de gracias*), el principal ritual cristiano que se realiza, en memoria de Jesucristo, para dar gracias a Dios.

Para entrar en el Olimpo...

Debemos, en primer lugar, ser conscientes de nuestros dones, de todo lo que nos ha sido dado y de todo lo que podemos ofrecer.

Debemos entregar –entregarnos– con generosidad, sin pensar en lo que nos llegará de vuelta, sin tener motivos ocultos ni segundas intenciones. Dar, simplemente, por la belleza de dar.

Debemos, además, aprender a recibir pues, a menudo, y sorprendentemente, es un acto que nos resulta difícil, bien por sentirnos después en deuda, bien por pensar que no somos dignos del don. Debemos saber que si dicho don llega a nosotros es porque realmente lo merecemos.

Debemos, finalmente, recordar la circularidad de todo ciclo (la ley de causa-efecto, la ley del karma) y estar dispuestos a retornar la ofrenda, quizás no a la misma persona, quizás no de la misma manera, pero teniendo siempre presente que la coreografía no está completa sin este tercer paso.

Debemos, así pues, danzar con belleza, con abundancia, con alegría. Y, poco a poco, paso a paso, será ese dulce vals el que nos llevará, algún día, hasta el Olimpo.

VI. Prometeo

«(…) Hefesto, ya debes ocuparte de las órdenes
que te dio tu padre: sujetar fuertemente en estas altas
y escarpadas rocas a este bandolero
mediante los irrompibles grilletes de unas fuertes cadenas de acero.
Porque tu flor, el fulgor del fuego de donde nacen todas las artes,
la robó y la entregó a los mortales.
Preciso es que pague por este delito su pena a los dioses,
para que aprenda a soportar el poder absoluto de Zeus
y abandone su propensión a amar a los seres humanos».
(Esquilo)[39]

Prometeo es un titán de la segunda generación. Su nombre –que viene del adjetivo προμηθής (*promithís*) o *previsor*– significa *el que piensa por adelantado, el que prevé*. Según la versión más extendida, su padre es el titán Jápeto (otras veces, el gigante Eurimedonte) y su madre es una oceánide que varía dependiendo de las tradiciones, pudiendo ser Asia o Clímene. También el nombre de su esposa cambia según las fuentes, pues algunas la llaman Celeno, otras Clímene e incluso Hesíone.

Con ella engendra a Deucalión, Lico y Quimereo –añadiéndose, a veces, Etneo, Helén* y Tebe–. Por otro lado, sus hermanos son Epimeteo, Atlante y Menecio.

A pesar de ser un titán, Prometeo apoyó al bando de los dioses olímpicos durante la Titanomaquia, la famosa guerra entre estos y los de su especie. Después, la diosa Atenea le enseñó la arquitectura, la astronomía, las matemáticas y otras ciencias cuyo conocimiento trasladaría él, posteriormente, a los mortales.

Según narra la *Biblioteca mitológica* de Apolodoro, Prometeo creó a los seres humanos a partir del barro y es conocido como benefactor de la humanidad, sobre todo porque fue él quien les entregó el fuego que había robado a los dioses. Se cuenta que, estando en Mecone, tras llevar a cabo el sacrificio de un buey, surgió una discusión sobre qué partes debían ser ofrecidas a los dioses y cuáles debían quedarse los humanos. Prometeo dividió los restos del animal en dos partes: en una puso la carne y las entrañas, recubriéndolas con la piel del buey, y en la otra colocó los huesos bajo una capa de grasa. Acto seguido, pidió a Zeus que escogiera la que prefería y el dios, ignorando la trampa, eligió la segunda, quedando la ración más suculenta para los humanos. Al darse cuenta de que sólo había huesos, Zeus entró en cólera y, como castigo, les vetó la utilización del fuego.

Sin embargo, el titán volvió a favorecer a los mortales pues se dirigió al Olimpo y, una vez allí, encendió una antorcha del

---

* Otras versiones hacen a Helén hijo de Deucalión, por lo tanto, sería nieto de Prometeo. Helén es el héroe epónimo de los helenos.

carro del Sol y robó un trozo de carbón incandescente que, después, entregó a los seres humanos. Tras esta segunda afrenta, Zeus decidió vengarse y envió, como regalo para su hermano Epimeteo, a la bella Pandora, de la que hablaremos en el próximo capítulo. En cuanto a Prometeo, lo condenó a sufrir un castigo eterno: hizo que lo llevaran al Cáucaso donde lo encadenó con cables de acero a la montaña; allí, un águila le devoraba el hígado durante todo el día. Durante la noche, el órgano se regeneraba y la tortura recomenzaba al día siguiente.

No obstante, aunque estaba previsto que el sufrimiento de Prometeo fuera interminable, el titán sería liberado por Heracles que, al pasar por la región, se apiadó de él, mató al águila con una flecha y lo rescató. A pesar de todo, para que no olvidara su castigo, Zeus le ordenó que llevara un anillo fabricado con el acero de sus cadenas y una piedra de la montaña a la que había estado encadenado.

El último episodio de la vida del titán narra que el famoso centauro Quirón había sido herido accidentalmente por una flecha de Heracles y, preso de horribles dolores que no podían ser curados, deseaba morir. Sin embargo, como era inmortal, no podía acceder al Tártaro. Por otra parte, los sufrimientos de Prometeo estaban destinados a durar hasta que algún inmortal quisiera intercambiarse voluntariamente con él. Así, ambos personajes decidieron permutar sus destinos y Prometeo pudo salir del Hades.

Algunos mitos cuentan también que el titán tenía el don de la profecía y había explicado a su hijo Deucalión cómo podía salvarse del gran diluvio que Zeus iba a enviar a la tierra para acabar con los humanos, o que había contado a Heracles cómo podía hacerse con las manzanas de oro del jardín de las Hespérides.*

Según propone Platón, en su diálogo *Protágoras*,[40] este mito estaría relacionado con los orígenes de la cultura. Sin embargo, como apunta Miguel Ángel Elvira Barba,[41] a partir del Renacimiento, con el desarrollo del Humanismo, Prometeo fue enfocado de una manera más simbólica: «Boccaccio ve en él al hombre que supera todas las penalidades para lograr el fuego celeste del Sol, símbolo del conocimiento espiritual (...)». ¿Qué es el fuego sino el guardián de la memoria de la luz, de la esencia original? Así pues, el titán roba la llama olímpica sagrada, que no es otra cosa que el fuego del conocimiento espiritual, y lo entrega a los seres humanos. Los mortales, que habían sido creados por él a partir del barro –lo que nos habla de su vinculación con la esfera de lo terrenal y, por lo tanto, del deseo material–, reciben ahora, gracias a Prometeo, una conciencia que les permitirá –que nos permitirá– ir más allá de lo tangible, de lo trivial y lo superficial y les ofrecerá –nos ofrecerá– la capacidad de transformación, la posibilidad de evolucionar espiritualmente, de caminar hacia lo divino, de entrar en el Olimpo. La naturaleza humana es, gracias a Prometeo, dual: terrenal y celestial.

Sin embargo, el titán fue castigado por Zeus que lo encadenó a una roca –a lo terreno, a lo material– donde un águila –símbolo celeste y solar, ave de Zeus y reina de los cielos– le comía el hígado –que representa el deseo–. Prometeo será liberado por Heracles, pero su redención se deberá también al

---

* Véase el capítulo XIII.

centauro Quirón que, como indica Paul Diel,[42] siendo mitad hombre y mitad bestia, representa aquí la dimensión negativa y animal de Prometeo, que debe morir para que el titán pueda acceder al Olimpo.

El novelista ruso Lev Tolstói toca este mismo tema en su libro *El camino de la vida*, considerado la culminación de su obra moral y la máxima expresión de su pensamiento religioso:

> «Renunciar del todo a uno mismo es convertirse en Dios; vivir únicamente para uno mismo es transformarse en una bestia absoluta. La vida humana consiste en el alejamiento cada vez mayor de la vida animal y el acercamiento gradual a la vida divina».
> (Lev Tolstói)[43]

En el imaginario cristiano encontramos una figura paralela a Prometeo: se trata del ángel caído, de Lucifer (del latín, *lux* [*luz*] y *fero* [*llevar*]), expulsado del cielo por Dios cuando, por soberbia, quiso ser como Él y se alzó en rebelión. Lucifer es el *Portador de la Luz* que, como castigo por su orgullo, cae a la tierra.

Así pues, los seres humanos, que estaban en oscuridad, reciben la luz que les permitirá ver a través de la tiniebla, el conocimiento espiritual que les dará la oportunidad de trascender la materia, el fuego que les proporcionará la capacidad de transformarse. Prometeo, como indica su nombre, es el previsor, el que piensa por adelantado, el que ofrece a los mortales la posibilidad de ver más allá de la negrura.

Para entrar en el Olimpo...

Debemos descubrir en nosotros esa dualidad que describe el mito de Prometeo, reconocer nuestra parte terrenal pero también nuestra dimensión espiritual. Debemos, entonces, recordar que navegamos entre el deseo material y el anhelo contemplativo. Y, sin renegar de ninguno de ellos, aceptar el don de Prometeo, que nos ofrece la posibilidad de trascendencia.

Debemos, una vez reconocida dicha dicotomía, ser pacientes con nosotros mismos y admitir que, a veces, nuestro deseo nos empuja hacia abajo y que, otras veces, el anhelo nos eleva hacia lo alto, pero que es justamente el fuego, ese elemento que nos regala Prometeo, el que nos abre todas las posibilidades, el que nos permite transformarnos si somos capaces de quemarnos en él, si no tememos al cambio y dejamos de aferrarnos a lo que ya no tiene sentido en nuestra vida.

Debemos, finalmente, entender que podemos trascender la materia y que es nuestra responsabilidad elegir hacia dónde nos dirigimos, pues serán nuestros pasos los que nos lleven al destino que, previamente, nuestras decisiones hayan marcado. El Olimpo es una opción, pero es necesario elegirla.

VII. Pandora

«Inmediatamente modeló de tierra el ilustre Patizambo
una imagen con apariencia de casta doncella
por voluntad del Crónida. La diosa Atenea
de ojos glaucos le dio ceñidor y la engalanó.
Las divinas Gracias y la augusta Persuasión colocaron
en su cuello dorados collares y las Horas de hermosos cabellos
la coronaron con flores de primavera. Palas Atenea ajustó
a su cuerpo todo tipo de aderezos y el mensajero Argifonte
configuró en su pecho mentiras, palabras seductoras
y un carácter voluble por voluntad de Zeus gravisonante.
Le infundió habla el heraldo de los dioses
y puso a esta mujer el nombre de Pandora
porque todos los que poseen las mansiones olímpicas
le concedieron un regalo, perdición
para los hombres que se alimentan de pan».
(Hesíodo)[44]

Todo el mundo conoce a Pandora, la primera mujer, según el imaginario griego, y de la cual descienden todas las demás. La mujer que tenía una caja que le habían prohibido abrir. La mujer que, según nos han contado, por curiosidad, abrió la caja. La mujer que provocó que todos los males, guardados en dicha caja, se extendieran por la tierra. Pandora ha sido comparada con la Eva bíblica pues, desde la perspectiva de género, ambas son producto de la misoginia más rancia, que ve al sexo femenino como el origen de toda ruina y calamidad. Sin embargo, me gustaría proponer una forma alternativa de acercarnos a este mito, una forma redentora, que exculpe a este personaje tan injustamente denostado. Me gustaría interpretar la historia de Pandora de una manera diferente, opuesta a la tradicional.

En el capítulo anterior, dedicado a Prometeo, vimos cómo Zeus, para vengarse de los mortales, les envió a la bella Pandora, pero ¿quién era y de dónde surgió esta seductora mujer? Las primeras referencias a ella se encuentran ya en Hesíodo, quien explica que fue creada por Hefesto y Atenea, a petición de Zeus. Adornada generosamente con todo tipo de regalos o cualidades por parte de los dioses (la belleza, la gracia, la habilidad manual, la persuasión), pero también de defectos como la mentira o la volubilidad, la hermosa mujer –cuyo nombre significa, concretamente, *la que posee todos los dones*– fue modelada a imagen de las diosas y enviada como regalo a Epimeteo. Este, seducido por su encanto, se casó con ella, desoyendo los consejos de su hermano Prometeo, que le había prevenido contra los regalos de los dioses.*

---

* Los nombres de ambos hermanos revelan también su personalidad: Epimeteo significa *el que piensa después, el que actúa sin reflexionar*, a diferencia de Prometeo que, como ya hemos visto, sería *el previsor, el prudente, el que piensa por adelantado*.

Cuenta el mito que, en casa de Epimeteo, había una vasija cerrada –con el tiempo pasaría a ser una caja– que contenía todos los males. Se le dijo a Pandora que no debía abrirla pero esta, impelida por algo superior a sí misma, levantó la tapa, provocando así que todas las calamidades –la vejez, la enfermedad, la locura, el vicio, la fatiga, etcétera– se esparcieran por el mundo. Al ver que se escapaban tantos males, Pandora cerró rápidamente la vasija, quedando en el fondo sólo la esperanza.

Poco más sabemos sobre Pandora y Epimeteo, excepto que tuvieron una hija llamada Pirra, que se casó con Deucalión, vástago de Prometeo. Pirra y Deucalión son considerados por la mitología griega como los creadores de los nuevos seres humanos, tras la destrucción que supuso el diluvio enviado por Zeus.

Como comentaba al principio del capítulo, tradicionalmente, Pandora ha sido tachada de curiosa e indolente; la sociedad patriarcal la ha culpabilizado de ser la causante de todos los males. Pero, vamos a darle la vuelta a esta lectura. Cuando he relatado el mito, he escrito que Pandora se vio impelida «por algo superior a sí misma» y lo he redactado así intencionadamente. Lo habitual es que se diga que lo que impulsó a Pandora fue la curiosidad, pero... ¿y si no fue la curiosidad sino la valentía? Me explico: en mi opinión, este mito habla de la famosa sombra arquetípica que el psicólogo Carl Jung definió como el aspecto inconsciente de la personalidad, caracterizado por rasgos y actitudes que la persona no reconoce como propias, y que, habitualmente, incluye todo lo que la sociedad considera defectos o emociones incómodas: la tristeza, el egoísmo, la envidia, etcétera. Lo que guarda la vasija es, justamente, eso: la oscuridad humana, lo que no queremos ver o aceptar de nuestra personalidad. Y, precisamente por eso –porque es algo que no nos atrevemos a mirar–, hay que ser muy valiente para hacerlo. Hay que ser muy audaz y muy determinado para decidirse a mirar la propia sombra. Hay que tener mucho coraje para abrir la caja que guarda todo aquello que no nos gusta de nosotros y que queremos esconder del mundo. Pandora se atreve. Pandora lo hace. Los males no se extienden a lo largo y ancho del mundo por culpa de Pandora sino gracias a ella. Esconder la parte oscura sólo provoca dolor y enfermedad. Mirarla supone la posibilidad de integrarla, de liberarse de las cadenas que a ella nos atan.

Así, el mito estaría describiendo a Pandora como un ser luminoso a nivel externo, pero que tiene todas sus sombras bien guardadas en una caja que no le permiten abrir. Ella desafía esa prohibición porque, consciente o inconscientemente, desea mirar su sombra, responsabilizarse por completo de ella. Pandora sabe, como bien explicó Joseph Campbell, que:

> «Bajando al abismo
> es como recuperamos las riquezas de la vida.
> Justamente donde tropiezas,
> es donde se encuentra tu tesoro.
> La cueva en la que temes entrar
> resulta ser, precisamente, la fuente
> de aquello que estás buscando».
> (Joseph Campbell)[45]

Otro aspecto de este mito que vale la pena comentar es el hecho de que, en la caja de los males, se guardara también la esperanza. La esperanza, entendida como algo negativo, puede ser un poco chocante, pero si vamos a la palabra griega original, ἐλπίς (*elpis*), vemos que tiene diferentes acepciones. Por un lado, nos habla del deseo, de la posibilidad, de la confianza en que algo bueno sucederá en el futuro. Pero, por otro lado, también describe la ansiedad que nos provoca el pensar en ese futuro, los presagios, la aprensión y el miedo a lo que está por venir.

Así pues, Pandora guarda la esperanza y nos propone un camino de crecimiento personal, que comienza atravesando el espejo que refleja la bella y luminosa fachada exterior, para acceder hasta los rincones recónditos de nuestra más profunda oscuridad. Ahora, eso sí, hay que atreverse.

Para entrar en el Olimpo...

Debemos, ante todo, reconocer que realmente desconocemos nuestras propias profundidades. Recordemos de nuevo que, en el más famoso de los santuarios oraculares griegos, el Oráculo de Delfos, estaba escrita una de sus principales máximas: *Conócete a ti mismo*. Este sería el primer paso del camino que Pandora nos invita a recorrer: atreverse a cruzar el espejo externo y a adentrarse en la cueva interna.

Debemos, así, ser capaces de mirarnos por completo, sin ambages, con determinación, con valentía. Saber que, sólo descubriendo lo que realmente somos, podremos integrarlo y convertirnos en seres completos, que se aceptan a sí mismos, que se aman a sí mismos y que, justamente por ello, son merecedores de acceder a lo más alto, de sentarse a la mesa de los dioses, de entrar en el Olimpo.

Debemos ver las emociones como lo que son: una reacción temporal, una respuesta que nuestro cuerpo da a un suceso, sea interno o externo. Y recordar que somos nosotros los que decidimos cuánto tiempo permitimos que nos habiten. Debemos dejar de ponerles la etiqueta de positivas o negativas y, en su lugar, llamarlas cómodas o incómodas. De esta manera, tal vez, será más fácil desapegarnos de ellas, gestionarlas, aceptarlas, dejar de esconderlas y acogerlas.

Debemos evitar dejarnos engañar por una esperanza que nos paralice con la idea de un supuesto futuro mejor que llegará sin que nosotros pongamos de nuestra parte. Debemos ser los agentes activos de nuestra historia, responsabilizarnos de nuestra vida, tomar decisiones y avanzar mirando al frente, sabiendo que nos dirigimos, directamente, hacia el Olimpo.

VIII. Deméter y Perséfone

«Cogieron muchísimas rosas y otras flores sin nombre;
ella por su parte cogió delicados azafranes y lirios blancos.
Con el afán de coger se fue alejando paulatinamente,
y, por azar,
ninguna de las compañeras siguió a su dueña.
Su tío paterno la vio, y nada más verla, se la llevó rápidamente,
transportándola a su reino, bajo las aguas verdemarinas.
Pero ella gritaba: "¡Eh, madre queridísima, me llevan!"».
(Ovidio)[46]

En la Antigüedad, el mito de Deméter y Perséfone (o Core) se utilizaba para explicar las estaciones. Deméter, la madre, es hija de los titanes Crono y Rea y una de las divinidades del Olimpo. Es la diosa de la agricultura, de la fertilidad de la tierra, de los cereales, y fue quien enseñó a la humanidad a sembrar, arar y recolectar. Su nombre ha sido interpretado como *Tierra Madre*. Perséfone –que previamente es conocida como Core, es decir, *doncella* o *virgen*– es su hija. Ya hemos mencionado antes que en honor de ambas diosas se celebraban los Misterios de Eleusis, los ritos iniciáticos más importantes de la antigua Grecia.*

Como sucede con todas las divinidades, existen numerosas historias relacionadas con Deméter y Perséfone, pero nos centraremos en la más famosa de ellas, que cuenta el rapto de la hija y la desesperación de la madre que recorre toda la tierra buscándola. Según el mito, Core se encontraba recogiendo flores con algunas ninfas y, en un momento en el que estaba lejos de sus compañeras, se abrió repentinamente la tierra y Hades, dios del Inframundo, la raptó, llevándosela con él a las profundidades. Viendo que su hija no regresaba, Deméter, absolutamente afligida, comenzó a peregrinar por Grecia para tratar de dar con ella; finalmente, la diosa Hécate, que había oído gritar a la muchacha pero no había sabido encontrarla, le sugirió que hablara con Helios, el Sol, que todo lo ve, para que le contara qué era lo que había sucedido. El dios le explicó que había sido Hades, con la complicidad de Zeus –que, para mayor escarnio, era el padre de Perséfone–, quien había raptado a la chica. Tras escuchar la historia, Deméter, indignada y enfadada, decidió detener el crecimiento de toda vegetación en la tierra. Sin embargo, con el paso de los días y viendo que los seres humanos empezaban a sufrir escasez de alimentos, Zeus le suplicó que detuviera su represalia y volviera al Olimpo, pero ella juró que no regresaría y que la tierra seguiría siendo estéril hasta que le devolvieran a su hija.

Así las cosas, el padre de los dioses decidió interceder ante

---

* Véase el capítulo II.

Hades para que permitiera a Perséfone volver junto a su madre, pero la joven ya había comido –según algunas versiones, tentada por Hades– varias semillas de granada* y, como es bien sabido, a aquel que ha probado el alimento de los muertos, al que ha roto el ayuno del Inframundo, no se le permite ya regresar a la tierra.

Finalmente, llegaron a un acuerdo: Core pasaría seis meses al año en los Infiernos, como compañera de Hades, y los seis meses restantes estaría en la tierra junto a Deméter. Se interpretaba que los meses que Perséfone se encontraba en el Hades y la tierra volvía a ser un erial estéril se correspondían con el otoño y el invierno, y el resto del tiempo, cuando madre e hija estaban juntas, coincidía con la primavera y el verano, las estaciones en que la vegetación florecía.

Como ya se ha comentado, los misterios eleusinos –que, según la tradición, habían sido instaurados por Deméter durante el tiempo que dedicó a buscar a Perséfone– recordaban este mito y, aunque eran secretos y no se conoce exactamente su funcionamiento, parece ser que celebraban el renacimiento de la vida y que, además, en ellos se revelaba a los iniciados la existencia de vida después de la muerte. «Bello es, ciertamente, el Misterio que nos han otorgado los dioses benditos. La muerte ya no es una maldición para los mortales, sino una bendición», rezaba una inscripción encontrada en Eleusis.

Como hemos visto, este mito explica, de una forma poética, las cuatro estaciones del año, pero también se puede analizar desde una perspectiva más psicológica, según la cual Deméter

---

* Las fuentes varían en el número de semillas, entre una, cuatro o seis.

sería la madre controladora y sobreprotectora que tiene a su hija completamente dominada, mientras que Perséfone representaría la inocencia de la infancia, siendo la niña que vive tranquila y aún sin preocupaciones. En cuanto al rapto, se ha explicado como una iniciación a la experiencia sexual, pero también podría estar simbolizando un suceso traumático y doloroso que sacaría a la joven de su zona de confort, obligándola a enfrentarse a la dureza de la vida y a aprender nuevos códigos de comportamiento, nuevas formas de vivir. Aunque el nombre de Hades significa *el que no se puede ver*, aludiendo a sus atributos como dios de los Infiernos, que vive en las profundidades de la tierra, vale la pena señalar que su nombre latino era Plutón, que significa *riqueza, fortuna o tesoro*, «pues todas las riquezas proceden del reino de la tierra, cuando es bendecida por el cielo»[47]. Recordemos que el rapto se da con la connivencia de Zeus –o Júpiter–, dios que está a cargo del gobierno del cielo.

Y es en este punto donde podemos enlazar con la explicación más profunda del mito, en la que se muestra cómo una de sus protagonistas, Core –llamémosla ahora por su primer nombre–, realiza un proceso iniciático, seguramente muy relacionado con el que vivían los participantes de los famosos Misterios de Eleusis ya comentados. Esta interpretación de la historia estaría conectada con la siembra, pues vemos que Core, como si de una semilla se tratara, es conducida hasta el interior de la tierra. La semilla es el germen de una planta; dentro de ella está contenido todo el potencial que le permitirá convertirse en árbol. Pero, para ello, requiere de un proceso que, además, debe seguir unos tiempos concretos, regidos por las estaciones. La semilla es una posibilidad. La semilla lo es todo y no es nada.

Es necesario plantarla. Es necesario abonarla. Debe soportar la lluvia, pero también el sol. Y, cuando todo se realiza siguiendo los ciclos de la naturaleza, la semilla se rompe, germina y da lugar a una planta o a un árbol que florece y que da frutos.

Core, como una semilla, es bajada al mundo subterráneo, donde entra en contacto con lo oscuro, con lo profundo –descender para nutrirse–; allí, se rompe su cáscara y se amplía su percepción, volviéndose más sabia, más poderosa; y esa transformación conlleva –como toda iniciación– un cambio de nombre. La que regresa junto a la madre ya no es Core, la doncella virgen e inocente que vivía sin preocupaciones, sino Perséfone, la poderosa diosa que conoce los secretos de la luz y de la sombra, la bella reina que se desenvuelve con soltura entre el mundo de arriba y el de abajo.

Perséfone está relacionada con la iniciación del alma en el mundo subterráneo, con la transformación, con la renovación que sólo puede darse en lo más oculto y profundo del interior de la tierra, donde arde el fuego de Hades, el fuego de la pasión que impulsará el crecimiento de dicha alma. Como la semilla que, plantada en la tierra, empieza a ascender buscando la luz del sol, de igual forma el alma se eleva en pos de la iluminación.

Y es en el Hades, cuando uno deja de rebelarse contra la oscuridad y es capaz de abrazarla, donde tiene la oportunidad de descubrir la belleza y el poder ocultos en ella. Sabemos que el ritmo de la vida viene marcado por dos movimientos, que se pueden detectar incluso en nuestra respiración o en la cadencia de nuestro corazón: la expansión y la contracción. La primera, la disfrutamos; la segunda, la tememos. Y, sin embargo, ambas son fundamentales para que se dé la vida. El árbol pierde sus hojas en invierno –cuando está en contracción– y después florece o da frutos en primavera y verano –con la expansión–. El árbol no protesta, no se rebela, no se asusta cuando llega el frío y la oscuridad, simplemente transita las estaciones siguiendo el ritmo que marca la vida. El mito de Perséfone nos recuerda que podemos aprender de la naturaleza y fluir tanto en la contracción como en la expansión, disfrutando de cada momento, entendiendo la belleza inherente a cada etapa.

> «Amo de mi existencia las horas tenebrosas
> en que se profundizan mis sentidos;
> he hallado en ellas, como en cartas antiguas,
> mi vida cotidiana ya vivida,
> lejana y superada, como vieja leyenda.
> En ellas he aprendido que una segunda vida
> inmensa, intemporal, de amplios espacios tengo».
> (Rainer Maria Rilke)[48]

El poeta Rainer Maria Rilke nos recuerda, en estos versos, que es posible amar esas horas de sombra; que, tras vivir un momento intenso y oscuro, se da un renacer –una segunda vida–, y en ese regreso siempre hay esperanza, siempre hay alegría.

Perséfone baja al Inframundo para poder germinar, se introduce en la tierra para nutrirse, crecer y florecer. La tierra es el símbolo del amor incondicional, es la madre nutricia y transformadora que nada juzga, que todo lo acoge. Pero la joven necesita, después, para culminar el proceso, buscar la luz del sol, salir a la superficie, ascender. Contracción y expansión. Oscuridad y luz. Etapas del camino hacia el Olimpo.

Para entrar en el Olimpo...

Debemos, en primer lugar, recordar que somos puro potencial, que lo que otros ven en nosotros –e incluso lo que nosotros creemos ver– no es lo que realmente somos.

Debemos, después, estar dispuestos a trascender las creencias, a salir de nuestra zona de confort, a traspasar el miedo y a permitir que se rompa esa pequeña semilla que imaginamos ser.

Debemos saber nutrirnos con el alimento adecuado, recordando que el dolor no es algo que hay que dejar atrás sino algo que hay que vivir, que no es necesario sufrirlo sino integrarlo, que la oscuridad es una oportunidad para obtener una visión más profunda.

Debemos entender que, para que se produzca el cambio, cualquier cambio, es necesario amar incondicionalmente el proceso, pues sólo a través del amor es posible trascender. Sin juicios. Sin presiones innecesarias. Sin miedos.

Debemos, como el árbol, transitar en calma las estaciones de nuestra vida, respetando todas las etapas y estando seguros de que tanto en la contracción como en la expansión existe belleza, de que la vida es movimiento, aunque no siempre sea evidente, y de que estamos evolucionando, creciendo y avanzando para, algún día, poder –al fin– entrar en el Olimpo.

IX. La Esfinge

«La Esfinge, de enigmáticos cantos, nos
determinaba a atender a lo que nos estaba saliendo al
paso, dejando de lado lo que no teníamos a la vista».

(SÓFOCLES)[49]

La Esfinge es un ser híbrido alado con cuerpo de león, rostro y pecho de mujer. Parece ser que su origen se encuentra en la mitología oriental –la egipcia, representación simbólica del faraón, es la más famosa de las esfinges–, y de allí habría pasado al mundo griego, tomando una forma un poco diferente.

Su genealogía, como sucede a menudo en los mitos, varía según el autor que la describe, pues algunos la hacen hija de Quimera y de Ortro, el terrible perro de dos cabezas, hermano de Cerbero, y otros afirman que sus padres fueron Tifón y Equidna, una ninfa con cola de serpiente.

Conocemos a la Esfinge, sobre todo, en relación con la leyenda de Edipo y el ciclo tebano, según el cual Hera la había enviado a Tebas para castigar a la ciudad por el crimen que su rey, Layo, había cometido al secuestrar y violar al joven Crisipo. La Esfinge se estableció en un monte al oeste de la ciudad y, desde allí, aterrorizaba a la población, matando a todos los viajeros que pasaban frente a ella y no eran capaces de resolver los enigmas que les planteaba.

Según algunos autores, había prometido que se iría para siempre cuando alguien diera la respuesta correcta a uno de sus acertijos, aunque otros afirmaban que los tebanos habían conseguido librarse de ella gracias a un oráculo. Sea como sea, fue un héroe –Edipo– el que logró descifrar el enigma, terminando con la maldición de la Esfinge. Cuentan algunos relatos que esta se arrojó desde lo alto del monte y se mató; en otros, en cambio, se dice que el héroe la asesinó con su lanza.

Sobre el acertijo que planteaba, existen también diferentes versiones, siendo la más conocida la de Apolodoro, según la cual, la pregunta era: «¿Qué ser provisto de voz es de cuatro patas, de dos y de tres?». Y la respuesta que dio Edipo fue «el hombre», ya que «de niño es cuadrúpedo, pues anda a gatas, en la madurez, bípedo, y en la vejez usa como tercer sostén el bastón».[50]

Así pues, Edipo resuelve el enigma y, al hacerlo, traspasa un umbral,* se le abren las puertas de Tebas donde, gracias a su hazaña, se le entregará el trono y la mano de Yocasta, la reina de la ciudad que, aunque él no lo sabe, es también su madre. Sin embargo, eso ya es otra historia, centrémonos aquí en la protagonista de este capítulo.

---

* En muchas tradiciones aparece la idea del guardián del umbral, un personaje, situado a las puertas del templo (de una región celeste o de un estado de conciencia), que impide el acceso al no iniciado. Para poder atravesar dicho umbral, el candidato debe conocer la palabra y el gesto (a veces un número, a veces un talismán...), que le darán entrada al recinto de la Luz, de la Sabiduría.

Vemos que la Esfinge, un ser híbrido y liminal, es presentada como la guardiana del umbral, y esto es importantísimo para poder desentrañar su significado simbólico. En este contexto, el umbral es un espacio sagrado y, en él, tiene lugar un rito de paso, un ritual iniciático. Como sucede en toda iniciación, el aspirante debe superar una o varias pruebas —en este caso, resolver un enigma— para poder cambiar de estado, para cruzar una puerta y dejar atrás su antiguo «yo», para renacer como algo diferente, para empezar una nueva vida. Habitualmente, tras pasar dicha prueba, el iniciado recibe un reconocimiento de su nuevo estatus, lo que, en el caso de Edipo, se manifiesta como su transformación en rey.

La Esfinge vive en la frontera entre los dos mundos, sin pertenecer plenamente a ninguno de ellos, pero moviéndose con agilidad en ambos. Ocupa un territorio intermedio, un espacio de paso y, en muchas ocasiones, ha sido interpretada como vehículo de comunicación entre la esfera divina y la humana. Los seres liminales de la mitología pueden volar, pueden nadar o pueden caminar; atraviesan fronteras y rompen límites; conocen todos los caminos, y tanto pueden seducir como matar. Su naturaleza dual, humana y animal, es capaz, por un lado, de pervertir al ser humano pero, por otro, puede también ayudarle a traspasar esas fronteras, a vencer esos límites, a superarse a sí mismo y a lograr convertirse en alguien nuevo, alguien diferente, alguien iniciado. Incluso se ha llegado a afirmar que este tipo de seres podrían interpretarse como maestros de iniciación, pues aparecen a menudo representados en escenas iniciáticas.

Aunque existen teorías que afirman que la Esfinge era un íncubo —un monstruo que impone a sus víctimas su abrazo sexual–, el investigador Jean-Marc Moret,[51] en su estudio sobre la iconografía de Edipo y a partir de un profundo análisis de las imágenes en las que aparece este personaje, ha refutado dichas teorías, proponiendo una versión que, a mi parecer, es más acertada. Según él, cuando vemos al tebano inmovilizado entre las patas de la Esfinge, la escena no tiene una connotación sexual sino iniciática y ella se presenta como su maestra espiritual. Eso mismo sugiere la pintura que aparece en un lekitos de figuras rojas,* en la que la Esfinge da la impresión de estar depositando al héroe sobre un altar, espacio ritual por excelencia.

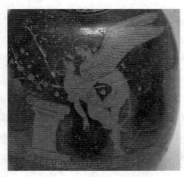

Lekitos (Circa 420 a.C.)
Museo Arqueológico Nacional,
Atenas (1607)

La Esfinge acompaña al neófito en el momento de su iniciación y, una vez solucionado el conflicto, una vez resuelto el enigma, una vez este se ha iniciado, ella puede ya desaparecer. La Esfinge aterrorizaba a la ciudad porque nadie sabía la solución a su acertijo. Sólo el héroe, sólo la persona preparada puede salir victoriosa de dicho desafío.

* Un lekitos o lécito es un tipo de vasija griega utilizada, sobre todo, para almacenar aceite.

Ella está situada en el umbral y, al cuestionarnos, se convierte en la sacerdotisa de nuestro ritual iniciático, pues en su pregunta se insinúa ya la respuesta, en su acertijo está la pista de la solución. Aunque, evidentemente, para poder desentrañarlo hay que llegar ante ella preparado. La Esfinge es una invitación a que te preguntes cuán serio es tu compromiso, cuán implicado estás en tu evolución. Te desenmascarará, si tu implicación es frívola e inconstante; te paralizará si no estás absolutamente convencido de estar en el camino correcto; te asustará, si no llegas ante ella con el conocimiento y el entrenamiento necesarios.

La Esfinge es también símbolo de misterio y depositaria de la sabiduría antigua. Es un obstáculo a superar y, como ya se ha señalado, puede ser benefactora o terriblemente destructora, dependiendo de lo capacitado que uno esté cuando se presente ante ella. Supone un momento de encrucijada en el que hay que saber dar la respuesta correcta, decantarse por una opción, elegir un camino. Y, precisamente por eso, puede provocarnos un grandísimo terror ya que, si no resolvemos la prueba con éxito, el resultado es la muerte. Cuando uno no se atreve a traspasar el umbral, cuando uno se queda inmovilizado en la encrucijada, tal vez seguirá viviendo, pero ¿está realmente vivo aquel que no osa dar ese paso?

Como señaló Joseph Campbell,[52] gran estudioso de los mitos, la llamada a la aventura la recibimos todos, pero algunos no la quieren escuchar y quedan abocados al tedio, a la vida gris, al trabajo, etcétera, perdiendo el poder de accionar y convirtiéndose en víctimas que deben ser salvadas y cuyas vidas carecen de sentido.

Uno de los poemas de Konstantino Kavafis habla justamente de lo mismo:

> «A cada uno le llega el día
> de pronunciar el gran sí o el gran no.
> Quien dispuesto lo lleva
> Sí manifiesta, y diciéndolo
> progresa en el camino
> de la estima y de la seguridad.
> El que rehúsa, no se arrepiente.
> Si de nuevo lo interrogasen
> diría no de nuevo.
> Pero ese no –legítimo–
> lo arruina para siempre».
> (KONSTANTINO KAVAFIS)[53]

La Esfinge te reta a dejarlo todo atrás y a renacer a una nueva vida, a un nivel diferente de conocimiento, de conciencia pero, no sólo eso, si estás preparado, la Esfinge también te ofrece la clave para cruzar esa puerta. ¿Te atreverás a traspasarla?

Para entrar en el Olimpo...

Debemos, en primer lugar, escuchar la llamada y lanzarnos a la aventura, sabiendo que encontraremos numerosos retos en el camino, que tendremos que atravesar bosques, subir montañas y vadear ríos, pero que el momento clave será la llegada al umbral, frente al que nos encontraremos a la Esfinge.

Debemos prepararnos para ese momento, y, cuando la tengamos delante, entenderla como una aliada para seguir avanzando, ya que ella nos invita a cuestionarnos nuestras creencias, nuestras relaciones, nuestra vida. Hace que nos preguntemos si realmente estamos donde queremos estar.

Debemos presentarnos ante ella con la humildad del que no sabe, pero quiere saber, del que tiene miedo, pero quiere evolucionar, del que está perdido, pero quiere encontrar. Y debemos, además, confiar en que, si se nos ha aparecido en el camino, es porque se nos está ofreciendo esa posibilidad de progresar y porque, a pesar del temor y de la ignorancia, en lo más profundo de nuestra alma, late el deseo de avanzar.

Debemos recordar que es un hito en el camino, un momento trascendental que nos cambiará para siempre. Sin embargo, no debemos asustarnos ni paralizarnos, pues el desafío que ella nos plantea es esa gran ocasión que estábamos esperando. Para dar un paso más hacia delante, para dejar atrás todo lo que ya no nos es útil, para cortar aquellos lazos que nos lastran.

Debemos, finalmente, agradecer la oportunidad que se nos ha dado y, con el corazón en la mano, responder al reto sabiendo –o, al menos, intuyendo– que somos héroes destinados al Olimpo.

X. Ícaro

«Entonces Dédalo renunció a la huida por mar
y construyó de forma sorprendente
unas alas ingeniosamente ideadas y maravillosamente
ensambladas con cera.
Las aplicó luego al cuerpo de su hijo y a su propio cuerpo y,
de un modo increíble,
las desplegaron y huyeron por encima del mar que rodea
la isla de Creta.
A causa de su inexperiencia juvenil,
Ícaro elevó demasiado su vuelo
y cayó al mar al fundirse la cera que unía las alas
por el efecto del sol.
Dédalo, en cambio, volando cerca del mar y mojando
a menudo sus alas, logró de manera sorprendente,
llegar sano y salvo a Sicilia».
(DIODORO DE SICILIA)[54]

La historia de Ícaro empieza con su padre, el famoso Dédalo. Cuenta el mito que Dédalo, nacido en Atenas, era arquitecto, escultor e inventor. Él es otro de los personajes que tiene un nombre parlante pues el verbo δαιδάλλω (*daidalo*) significa *moldear, trabajar con arte* y, así, δαίδαλος (*daídalos*) sería *el artista, el artífice*. Como tal, a él se le atribuía la creación de las muñecas de madera articuladas, de la vaca de Pasífae, del laberinto de Creta y de otros ingenios, como las alas de cera, de las que hablaremos más adelante.

Dédalo fue expulsado de Atenas por haber matado a su sobrino Talos, en un ataque de celos. El chico había ganado una gran reputación en la ciudad cuando, inspirado por el maxilar de una serpiente, inventó y forjó la primera sierra, y su tío, envidioso por su éxito, lo llevó hasta la Acrópolis con la excusa de enseñarle unas vistas y lo lanzó al vacío. Dédalo fue desterrado y se trasladó a Creta, donde lo recibió el rey Minos. Allí construyó una serie de creativos inventos que, por un lado, lo encumbraron pero, por otro lado, supusieron su perdición. En primer lugar, creó una vaca para la reina Pasífae que se había encaprichado del toro de Poseidón y quería unirse a él. De los amores zoofílicos de la soberana nacería el Minotauro que, después, sería encerrado en el laberinto, también diseñado por Dédalo, a petición de Minos. Así mismo, el inventor ayudó a Ariadna, preparando el famoso hilo que esta dio a Teseo para que el héroe pudiera deshacer el camino andado y superar su desafío. Finalmente, Minos, indignado por la participación del arquitecto en toda la trama del Minotauro,[*] decidió encerrar a Dédalo y a su hijo Ícaro en el laberinto que él mismo había construido.

---

[*] Para más información, véase el capítulo II: Teseo y el Minotauro.

Se ha dicho que Ícaro, hijo de Dédalo y de la esclava cretense Náucrate, personifica el conflicto esencial del alma humana, simboliza el ascenso y la caída.[55] Su mito, aunque breve, es profundo y está lleno de significado. Según narra la mitología, estando Ícaro y Dédalo confinados en el laberinto, el padre tuvo la idea de escapar a través del aire. Para ello, fabricó dos pares de alas utilizando plumas de ave pegadas con cera. Antes de salir volando, Dédalo advirtió a su hijo que no se elevara demasiado para que el sol no fundiera la cera de las alas, pero que tampoco volara excesivamente bajo para no acabar tragado por las olas. Le dijo también que no tomara un rumbo propio, sino que le fuera siguiendo a él de cerca. Empezaron entonces a volar y, allá por donde pasaban, las gentes, sorprendidas por el prodigio, los confundían con dioses. Sin embargo, una vez superadas las islas Cícladas y al llegar al Dodecaneso, Ícaro, desoyendo a su padre y entusiasmado por la altura que podía alcanzar, empezó a subir cada vez más y más. Tanto se elevó que, como Dédalo había temido, se acercó demasiado al sol, provocando que sus alas se derritieran y que el chico cayera al mar y muriera. El padre, apesadumbrado, lo enterró en la isla que hoy lleva su nombre, Icaria.[56]

Como hemos comentado, este mito contiene múltiples símbolos. Al hablar de Teseo y el Minotauro, ya señalamos que el laberinto se ha relacionado con el inconsciente. Dédalo e Ícaro saldrán de allí volando y es muy curioso que, justamente, sea el vuelo –la elevación– lo que les hace escapar del encierro en las profundidades de su propia psique. Sin embargo, las alas de cera –que simbolizan el intelecto humano, la razón– se revelan insuficientes para que el proceso de ascensión culmine con éxito. Es evidente que hace falta algo más y el protagonista de este mito, Ícaro, no lo tiene. Su juventud, su orgullo –la famosa *hibris* o *desmesura*– le hacen pensar que sí, que puede elevarse impunemente, que puede alcanzar ese sol espiritual, divino, sin llegar a quemarse. Pero es, precisamente, esa *hibris* y la confusión que le provoca, las que ocasionarán su caída y marcarán la fatalidad de su destino.

En muchas culturas, las alas expresan una idea de libertad o de aspiraciones espirituales, son una metáfora del anhelo místico profundo. Como señalan Chevalier y Gheerbrant, «los autores cristianos de los primeros siglos vieron en la desventura de Ícaro la imagen del alma que pretende elevarse hacia los cielos con las alas de un falso amor, mientras que solamente las alas del amor divino podrían favorecer su ascensión».[57]

Ícaro es inexperto, cree saber más de lo que sabe, no conoce sus límites y tiene la osadía de pensar que puede alcanzar lo que no le corresponde. No escucha los consejos de su padre –aunque, en realidad, ¿alguna vez los hijos lo hacen?– y paga cara su desobediencia. Al pasar volando sobre los pueblos, la muchedumbre cree que son dioses y, probablemente, no existe nada más peligroso que la confusión producida al verse a uno mismo con ojos ajenos. Ícaro se vuelve presuntuoso, se siente un dios y cree que su lugar es el Olimpo. Antes de estar preparado, antes de haber hecho el trabajo, antes de haberlo merecido. Una de las máximas griegas era, ya lo hemos comentado, el famoso «conócete a ti mismo». Quien no se conoce a sí mismo está condenado a perderse innumerables veces por el camino, y encomendarse ciegamente a la mirada ajena –que es tan parcial y está tan condicionada como la propia– es una de las muchas maneras de extraviarse. Sin ese esfuerzo previo del autoconocimiento, no hay ascensión real posible y la consecuencia es, sin duda, la caída. No en vano los héroes necesitan superar muchas pruebas para demostrar que son dignos de ocupar su lugar en el Olimpo.

Dédalo le pide que siga sus pasos y que no se eleve demasiado ni tampoco vuele muy bajo. Aquí vemos otro de los ideales griegos, que es compartido por muchas culturas: el equilibrio, la mesura, el camino medio.

> «No tenéis que entregaros al placer de los sentidos
> porque es inferior, vulgar, común, innoble e inútil.
> Tampoco tenéis que entregaros a la práctica de la mortificación
> personal porque es dolorosa, innoble e inútil.
> Evitando ambos extremos, el Camino Medio perfectamente
> realizado por el Tathagata hace ver y conocer, conduce
> al apaciguamiento, al conocimiento superior,
> al despertar perfecto».
> (MAJJHIMA NIKAYA.
> LOS SERMONES MEDIOS DEL BUDDHA)[58]

El joven tiene el coraje para lanzarse a volar pero, para que la empresa tenga éxito, necesita, además del intelecto –o, quizás, incluso a pesar de él–, otras cualidades, como el equilibrio, la sensatez, la justa medida entre razón y espiritualidad, entre anhelo y prudencia. La inteligencia vanidosa de Ícaro, embriagado además por su hermoso vuelo, es precaria para el fin que pretende alcanzar. La soberbia le ciega y, en lugar de llevarle hasta Olimpo, le dirige hacia el Hades.

El vuelo era ya, en sí mismo, un gran regalo, el primer paso de un bello camino. Para el filósofo Mircea Eliade, volar simboliza la condición en la que se encuentra el iniciado, a medio camino entre la vieja y la nueva forma de existencia.[59] A Ícaro se le abre una puerta y se le pide que siga unas instrucciones. Si no hubiera desoído el consejo de su padre, si hubiera respetado los conocimientos de quien sabía más que él, seguramente el ritual se hubiera completado y hubiera podido, como deseaba, alcanzar el Olimpo. Pero no era un héroe y ese, por lo tanto, no era tampoco su destino.

Para entrar en el Olimpo...

Debemos, ante todo, recordar que tenemos una parte divina que aspira a alzar el vuelo, que siente un anhelo de elevación, un deseo de ascensión. Y debemos escucharla. Y debemos honrarla.

Debemos, también, tener la humildad de reconocer dónde estamos, cuánto sabemos y cuánto ignoramos. Y tener el afán de aprender, de evolucionar, de conocer el mundo para descubrirnos a nosotros mismos. De descubrirnos a nosotros mismos para conocer el mundo.

Debemos comprender cuáles son nuestras limitaciones y entender que iremos ascendiendo a medida que nos vayamos preparando, ya que hacerlo sin estar capacitados sólo nos llevará a la frustración y al fracaso.

Debemos ser osados para lanzarnos a volar, pero también prudentes para seguir las instrucciones que se nos dan. Y estar dispuestos a enfrentar todos los retos que se nos presenten, recordando que el viaje no es un proceso solamente intelectual –nunca lo es–, sino que requiere de otras muchas cualidades.

Debemos transitar el camino medio, ser ecuánimes, justos, equilibrados, mesurados. Y debemos, finalmente, ofrecer –consagrar– nuestro esfuerzo, nuestro empeño y nuestro vuelo a un propósito mayor, mucho mayor que nosotros y mucho más elevado.

XI. Psique

> «E, inmediatamente, (Venus) manda a Mercurio
> que rapte a Psique y la traiga al cielo.
> Ofreciéndole una copa de ambrosía,
> le dice: Toma, Psique, y sé inmortal;
> Cupido nunca romperá los lazos que a ti le ligan:
> el matrimonio que os une es indisoluble».
> (APULEYO)[60]

Psique no es un nombre insustancial, pues ha llegado hasta nosotros como la personificación del alma. La palabra deriva del verbo $\psi\acute{v}\chi\omega$ (*psijo*), que significa *soplar*, y estaría relacionada con el soplo vital, con el aliento que el ser humano inspira por primera vez en el momento de su nacimiento y espira finalmente con su último suspiro. Aunque este concepto aparece ya en Homero, será el escritor romano Apuleyo quien inmortalice a Psique, en su obra *El asno de oro*, como una bella joven, famosa, principalmente, por su historia de amor con Eros.[*]

---

[*] A pesar de que Apuleyo es un autor romano, utilizaremos aquí solamente los nombres

Según este autor, Psique era la menor de las tres hijas de un rey, cuya belleza era proverbial. De entre todas ellas, la pequeña sobresalía en hermosura, llegando a ser comparada con la misma Afrodita y asustando a los posibles pretendientes. Las dos mayores estaban casadas, pero nadie se atrevía desposar a Psique. El padre, desesperado, consultó al oráculo, que le aconsejó que la ataviara con vestiduras nupciales y la abandonara en una roca, donde un monstruo tomaría posesión de ella. A pesar de su desconsuelo por el horrible destino de su hija pequeña, los padres decidieron seguir las indicaciones recibidas y, vistiendo a la niña como una novia, la condujeron a la cima de la montaña y la dejaron allí sola.

Hallándose Psique en plena angustia y desesperación, sintió, de pronto, que un suave viento la arrastraba y la levantaba, llevándola por los aires hasta dejarla en un hermoso valle donde, agotada por tantas emociones, se quedó profundamente dormida. Al despertar, la niña se encontró en un precioso bosque y, caminando entre los árboles y el río, descubrió que había un palacio construido con oro, plata, marfil y piedras preciosas. Entró en él y pasó el día recorriendo las diferentes estancias, guiada por unas voces que dijeron ser sus doncellas. Al llegar la noche, tras un opíparo banquete, se retiró a su habitación para dormir; estando ya en el lecho, sintió una presencia a su lado y supo que era el esposo prometido por el oráculo. Pasaron la noche juntos pero el amante desapareció al amanecer, por lo que Psique no pudo verle la cara. No le dijo tampoco quién era,

---

griegos de las divinidades para agilizar la lectura (Eros = Cupido, Afrodita = Venus, Hermes = Mercurio, Zeus = Júpiter, Atenea =Minerva, Hera = Juno, Deméter = Ceres).

simplemente le contó que su identidad tenía que mantenerse oculta y que nunca podría llegar a conocerla porque, si lo hacía, él tendría que marcharse para siempre.

Según algunas versiones del mito, Afrodita, celosa de la belleza de Psique y odiando que la compararan con ella, había enviado a su hijo Eros para que le lanzara una flecha que hiciera que se enamorara del hombre más horrible que encontrase, pero el dios, hechizado por la hermosura de la muchacha, se había sentido cautivado por ella y se la había llevado a su palacio. Allí, para evitar la venganza de su madre, se presentaba siempre de noche, para no ser identificado.

Durante algún tiempo, las cosas siguieron así: los amantes se reunían al anochecer y, cuando amanecía, Psique se quedaba sola y se veía obligada a pasar el tiempo recorriendo el enorme palacio sin compañía. Las noches eran dulces y felices, pero los días eran tristes y solitarios. Esto le hizo sentir añoranza por su familia y recordar a sus padres que, sin duda, debían creer que ella había muerto. Llevada por ese sentimiento, pidió a su esposo permiso para ir a visitar a su familia. En un primer momento, él se negó a que hiciera el viaje pero, finalmente, conmovido por las súplicas de la muchacha, accedió, no sin antes advertirle que era arriesgado y que, seguramente, se encontraría con los recelos de sus hermanas.

Y así fue. Aunque la recibieron con alegría, cuando vieron que Psique era muy feliz y que les traía ricos regalos, la envidia las consumió y comenzaron a interrogarla sobre su maravilloso marido. Ella intentó rehuir las preguntas, pero finalmente acabó confesando que no sabía quién era, que nunca lo había visto. Horrorizadas y celosas, las hermanas hicieron todo tipo de comentarios que llenaron de dudas el corazón de Psique y acabaron convenciéndola para que rompiera el acuerdo que tenía con su marido, pues le aseguraron que, si tenía tanto interés en ocultar su verdadera apariencia, seguramente sería un horrible monstruo. Así las cosas, trazaron un plan para desvelar la identidad del amante: Psique llevaría una lámpara y un cuchillo a su habitación y, en mitad de la noche, cuando él estuviera profundamente dormido, encendería la luz para descubrir el secreto y poder, si se trataba de una bestia espantosa, acabar con ella.

Nerviosa y dubitativa, pero asustada y sugestionada por las suspicacias de sus hermanas, Psique decidió llevar a cabo la intriga, sin embargo, al prender la lámpara de aceite y ver a su marido dormido, descubrió que no era un ser horripilante sino el mismo Eros, el dios del amor, quien yacía a su lado cada noche. Llevada por la curiosidad, fue examinando las armas de su marido y, sacando una flecha del carcaj, se arriesgó a tocar su punta con el dedo pulgar. No obstante, la fatalidad quiso que apretara más de la cuenta y se pinchara con ella, quedando así inmediatamente enamorada del Amor, a causa de su propio desliz. En ese estado de emoción, la mano con la que sostenía la lámpara comenzó a temblar y una gota de aceite hirviendo cayo sobre Eros. El dios se despertó y, enfadado por la traición, salió volando, viéndose obligado a cumplir su amenaza de huir, para no volver nunca más.

Psique, desesperada, intentó agarrarlo por una pierna pero, finalmente, no le quedó más remedio que dejarlo ir. Consumida por la tristeza, intentó suicidarse arrojándose a un río, pero las aguas la depositaron suavemente en la orilla. Allí la encontró

Pan,* dios de la naturaleza, que se apiadó de ella y la consoló. Le dijo que podía ver que su sufrimiento se debía a la pérdida de un gran amor y que tenía que reconciliarse con Eros mostrándole *una dulce sumisión*. Pan la reconfortó y le recomendó que se entregara al amor sin preocuparse de nada más.

La afligida muchacha empezó, entonces, a vagar por el mundo y acabó llegando a una ciudad que, justamente, era gobernada por el marido de una de sus hermanas. Una vez allí, decidió vengarse de ella y contarle lo sucedido, cambiando el final de la historia y diciéndole que Eros la había castigado y que lo que quería ahora era desposarla a ella, a su hermana. Esta, entusiasmada, salió corriendo a la montaña y se lanzó al vacío pensando que el dios la recogería pero, en cambio, acabó estrellándose contra el suelo, muriendo en el acto. Psique escarmentó de la misma manera a la otra hermana, repitiéndose los acontecimientos.

Una vez terminada su represalia, la joven continuó vagando por la tierra en busca de Eros, perseguida entonces por la cólera de Afrodita que, habiendo descubierto toda la historia, la aborrecía más que nunca. Psique decidió invocar a las diosas Deméter y Hera para que la ayudaran, pero ninguna de ellas se atrevió a defenderla. Finalmente, acabó cayendo en manos de la enfurecida deidad, quien la encerró en su palacio y la atormentó, durante una larga temporada, por medio de sus esclavas Inquietud y Tristeza. En último término, decidió im-

---

* Pan (en griego, Πάν) era el dios de los pastores y rebaños. Tenía cuerpo humano y pezuñas de macho cabrío. Era también el dios de la fertilidad y de la sexualidad masculina. Dotado de una gran potencia y apetito sexual, se dedicaba a perseguir por los bosques a las ninfas, provocándoles el pánico (palabra que, etimológicamente, viene del dios Pan).

ponerle varias tareas imposibles que debía realizar si aspiraba a conseguir su perdón.

La primera labor consistía en separar diferentes granos y simientes: Afrodita mezcló trigo, cebada, mijo, semillas de amapola, garbanzos, lentejas y habas, pidiéndole que las clasificara antes del anochecer. Psique quedó paralizada por la dificultad de la prueba pero un grupo de hormigas, apiadándose de ella, decidió ayudarla a cumplir el mandato de la diosa.

En el segundo trabajo se le exigió que robara un mechón de lana de unos carneros salvajes, cuyos vellones brillaban como el oro. La joven, espantada de nuevo por la magnitud del desafío, decidió lanzarse al río desde una roca para acabar con sus penalidades. Sin embargo, esta vez fue un verde junco, situado a la orilla del afluente, quien la ayudó, quitándole de la cabeza la idea de suicidarse y explicándole cómo realizar el trabajo: le aconsejó esperar hasta el atardecer, pues en ese momento los animales ya habrían calmado su ansia de atacar y descansarían tranquilamente bajo los árboles. Entonces, solamente con sacudir las hojas de dichos árboles, encontraría la lana dorada que queda «diseminada por el bosque, enredada en la espesura».

Con la tercera tarea, la intención de Afrodita fue probar la valentía y la prudencia de la bella Psique. Para ello, le dio una pequeña vasija de cristal y le pidió que subiera a lo alto de una montaña y recogiera el agua helada del manantial, custodiado por dragones, que regaba la laguna Estigia. En esta ocasión, sería un águila la que ayudaría a la heroína. Sin embargo, a pesar de haber superado un nuevo reto, seguía sin poder aplacar la cólera de la diosa, que le encargó un último trabajo.

Para la cuarta misión, la diosa le entregó una cajita y le exigió que descendiera al Inframundo; allí debía buscar a Perséfone y pedirle una pequeña porción de su bálsamo de hermosura, ya que consideraba que la suya propia se había consumido al ver a su hijo enfermo de tristeza. Además, le reclamó que lo hiciera a toda prisa, pues deseaba aplicarse el remedio antes de asistir a una representación teatral junto con los otros dioses. «Más que nunca sintió Psique que había llegado la última hora de su destino y comprendió que, ya sin rodeos, se la embarcaba a las claras y directamente para la muerte». Sin embargo, en el camino se encontró una torre que poseía el don de la palabra y le explicó lo que debía hacer para descender al Hades: tenía que llevar en las manos dos pasteles de cebada y, en la boca, un par de monedas. Le contó que, en la ruta, se cruzaría con un asno renco y que su conductor, también cojo, le rogaría que le ayudara a recoger unas ramas, pero ella debía seguir su camino en silencio. Después, llegaría al río de los muertos, donde se encontraría con Caronte, quien tomaría una moneda de su boca para permitirle montar en su barca. Se toparía con otros personajes que le pedirían ayuda (un hombre flotando en el río que le solicitaría que lo subiera a la barca y unas hilanderas que le suplicarían que las ayudara a tejer con sus manos), pero era fundamental que ella continuara avanzando sin prestarles atención, pues todos esos encuentros no serían más que artimañas de Afrodita para intentar que los pasteles se le cayeran y no pudiera llegar a su destino. El siguiente paso sería enfrentarse a Cerbero, el perro de tres cabezas que custodia los salones de Perséfone, al que debía calmar dándole una de las tartas. Entonces, sería recibida por la diosa que la trataría con cortesía, la invitaría a un suculento almuerzo y le entregaría el ungüento para Afrodita. La torre le aconsejó que se sentara en el suelo, que pidiera solamente un pedazo de pan y que recogiera todo lo que le fuera dado. Para su camino de regreso, tendría que volver a calmar al perro con el segundo pastel y permitir que el codicioso Caronte tomara la moneda restante. Finalmente, la torre le recordó que, bajo ningún concepto, abriera la cajita entregada por Perséfone, pues guardaba en su interior el tesoro de la divina belleza que a ella le estaba prohibido contemplar.

Psique realizó todas las pruebas perfectamente, siguiendo los consejos recibidos, sin embargo, en el camino de regreso, la desventurada muchacha decidió abrir la caja y tomar un poco de ese bálsamo de hermosura, pensando que así recuperaría el amor de Eros, sin saber que en el interior de la misma estaba, en realidad, el sueño del Estigio, el sopor infernal que envuelve los miembros de los muertos, haciéndoles caer en el olvido y la somnolencia. La joven quedó, así, sumida en un sueño eterno del que sólo podría salir a través del beso de Eros, del beso del Amor.

Este, enamorado y absolutamente desesperado, encontró a la muchacha y tras despertarla, se presentó ante Zeus para pedirle su apoyo y suplicar que se le permitiera casarse con ella, a pesar de ser mortal. El gobernante del Olimpo decidió concederle su deseo −exigiendo varios favores a cambio− e hizo a Psique inmortal para que ambos enamorados pudieran unirse en matrimonio y contaran también con la bendición de Afrodita. Eros y Psique tuvieron después una hija llamada Hedoné (en la mitología griega) o Voluptas (en la romana), la diosa del placer.

Este mito es muy rico en simbolismo y, como sucede a menudo, puede tener varias lecturas. Por un lado, es posible entenderlo como una metáfora de las relaciones amorosas y de la evolución de la pareja. En este caso, vemos una primera etapa de enamoramiento, representada por Psique siendo llevada por los aires en brazos de Eros –uno de los motivos más reproducidos en el Arte, como podemos ver en las maravillosas pinturas sobre el tema de William-Adolphe Bouguereau–. En esta fase, la persona enamorada vuela, es decir, se encuentra en tal estado de ilusión que se siente elevada, «está en las nubes». Después llega el momento del conflicto, que la saca de esa situación idílica y pasional y que, en este mito, está representado por la transgresión de Psique al encender la lámpara, acto que, pese a su motivación legítima –quiere averiguar quién es su marido y tiene todo el derecho a ello–, no deja de ser un incumplimiento del pacto acordado. Dicho conflicto, en una relación de pareja, puede tener motivos diversos: la diferente implicación de ambos miembros, las ideas dispares sobre la unión que mantienen, las distintas expectativas, etcétera. El encuentro con las hermanas significaría la aparición de las dudas, de los celos, de todos esos enemigos de un vínculo estable y maduro. La posterior venganza contra ellas estaría representando el momento de eliminar la desconfianza en su interior y de empezar a amar a Eros desde el discernimiento y la determinación, lo que acabaría de afianzarse en su etapa de descenso al Inframundo, que, como ya hemos comentado, simboliza todo aquello que no queremos reconocer en nosotros mismos y hemos enterrado en lo más recóndito de nuestra mente.

En la siguiente fase se estaría analizando el tema del abandono y la depresión que este conlleva y que, en Psique, se escenifica con su doloroso recorrido para intentar recuperar el amor y en Eros, con la tristeza y la soledad. Él se aleja porque ella lo ha traicionado, sin embargo, en su caso se evidencia también el característico miedo a abrirse emocionalmente y a intimar en profundidad con la otra persona –pues, ante una deslealtad, las opciones son múltiples y la huida no tendría por qué ser la primera de ellas–. Eros se muestra aquí como alguien inmaduro, que no está preparado para entregarse, para querer de verdad, para comprometerse. Y la traición sería, en este caso, algo necesario para romper el espejismo del enamoramiento infantil e irracional. Es una fase imprescindible para poder después superar todos los desafíos, ascender tras la caída y recuperar la unión, pero esta vez ya desde la madurez y la compatibilidad, llevándose a cabo finalmente el matrimonio, como símbolo del vínculo definitivo y profundo. Vemos que la evolución del enamoramiento al amor estaría representada, en este relato, como un proceso en el que, a través de una serie de pruebas, se pasa del estado inicial de ceguera y pasión a una conexión profunda, basada en el verdadero conocimiento del otro y no en proyecciones etéreas e inestables.

Esta sería una posible lectura pero, además, el mito describe perfectamente también el famoso viaje del héroe, con la peculiaridad de que, en este caso, se trata de una heroína quien realiza el épico recorrido que la convertirá en una inmortal, en una diosa. La historia nos cuenta el proceso por el cual el alma consigue hacer el viaje definitivo, consigue unirse al Amor divino, consigue entrar en el Olimpo. Evidentemente, para alcanzar ese objetivo, dicha alma deberá efectuar una metamorfosis, superar ciertos retos que la llevarán a evolucionar y realizar un largo proceso iniciático para poder unirse a Eros, al Amor. Este deseo de unión entre el Alma y el Amor no es un tema exclusivo de la mitología, sino que podemos encontrarlo en los textos de los místicos de todos los tiempos y de la mayoría de religiones.

> «Así pues esta Alma no tiene nombre y por ello recibe
> el nombre de la transformación que Amor ha obrado en ella.
> A semejanza de las aguas de las que hablábamos,
> que tienen el nombre del mar porque todo es mar
> desde el momento en que han regresado al mar».
> (MARGARITA PORETE)[61]

Para el helenista Carlos García Gual, todo el relato tiene un valor alegórico y estaría relacionado con una iniciación mistérica en el culto de la diosa Isis. «El Alma enamorada ha de perseguir al Amor huido a lo largo de un camino de perfección. (…) Su peregrinaje es un símbolo del viaje del alma humana que ha perdido el contacto con el Bien divino y debe purificarse en pruebas iniciáticas para renovar su encuentro con lo divino».[62]

Psique inicia este viaje siendo una niña ingenua y veremos que será iniciada en los misterios divinos que la llevaran, paulatinamente, a ir evolucionando y transformándose. De entrada, se nos dice que es de una belleza sobrehumana, lo que ya nos habla de la profundidad de su presencia, de su inclinación a lo divino. Es un alma que anhela entregarse al Amor y es por ello que no existen pretendientes que puedan estar a la altura; nadie osa pedir su mano, pues está claro que ella está destinada a otro tipo de relación, a algo muy superior al simple amor humano. No obstante, para poder hacerse merecedora del mismo, debe —como ya hemos comentado— iniciarse y superar varios obstáculos. La iniciación es el encuentro con lo divino que, tras el vuelo mágico (o ascensión al cielo) en que la niña se entrega al ritual, se realizará a oscuras, en la negrura de la noche, porque el alma joven no está preparada aún para ver al dios cara a cara. Y será en esa oscuridad donde tendrá lugar el episodio de la lámpara de aceite. De nuevo García Gual afirma que dicha escena contiene una alusión a las ceremonias de iniciación: «el que ha visto los misterios debe regresar solo al mundo y comenzar así su peregrinación en pos de la divinidad entrevista y desaparecida».[63] Esta peregrinación será el proceso que, con sus diferentes desafíos, hará a Psique merecedora del reencuentro con el dios. A partir de aquí vemos que se arroja al río, tal vez en referencia a algún tipo de baño ritual, y tendrá que soportar grandes castigos y penitencias. En primer lugar, superar los miedos y las dudas que surgen al presentar su historia al mundo, episodio que se simboliza a través del encuentro con sus hermanas. El misterio siempre debe ser secreto porque, de lo contrario, lo externo te envenena y te llena de inseguridades. Sin embargo, es necesario pasar por ello y matar todas esas incertidumbres, es una fase más del viaje iniciático. Exteriorizar la experiencia para poder cuestionarla, darle perspectiva y volver después a interiorizarla. Acto seguido, viene el encuentro con el dios Pan, quien le recomendará que, para recuperar el camino y alcanzar esa unión deseada con el Amor, siga el ejemplo de la naturaleza sobre la que él gobierna y se entregue al proceso con dulce sumisión.

El siguiente paso son las diosas y, concretamente, Afrodita, la madre del Amor, que será quien le ponga las pruebas definitivas. Las dos primeras labores consisten en integrar la energía femenina y la masculina. En la primera se trata de separar los granos, es decir, de poner orden en el caos, paso necesario para saber realmente hacia dónde se quiere caminar, para aprender a discriminar entre lo verdadero y lo falso, para poder ver con claridad. Las hormigas, que son un símbolo de la Madre Tierra, pues habitan en sus profundidades, serán las que le muestren cómo hacerlo. Se ha dicho que este desafío está relacionado con la energía femenina ya que tanto los granos como las hormigas representan a Gea, el paradigma por excelencia de lo femenino.*

La segunda tarea es arriesgada e implica poner en movimiento la energía opuesta, la masculina. Psique deberá hacer uso de su raciocinio e integrar también esta parte de su ser. Dejar de lado el victimismo y el sentimiento de indefensión para tomar las riendas de su destino con arrojo. El junco, con su flexibilidad, le muestra cuándo y cómo actuar para conquistar ese obstáculo.

En el tercer trabajo –recoger el agua de la laguna Estigia– es ayudada por un águila, mostrándonos, este episodio, la necesidad de elevación, de poner distancia para poder ver desde lo alto y comprender qué es lo que se le está moviendo al enfrentarse a este nuevo dilema. El agua está relacionada con la emo-

---

* Es importante recordar que, cuando hablo de lo femenino, no estoy hablando de géneros ni me estoy refiriendo a la mujer, sino a la energía yin, energía que se ha dado en llamar femenina pero que tenemos tanto mujeres como hombres y que es lo receptivo, emocional, creativo, intuitivo, sensible, etcétera, a diferencia de la energía yang o masculina que consiste en lo activo, racional, impulsivo, asertivo, etcétera. Para más información sobre el tema, véase la nota primera de la página 202.

ción y debe llenar solamente una pequeña vasija. Necesidad de moderación y mesura que sólo puede reconocerse al ascender, al alejarse del problema.

Finalmente, llega el momento de la bajada al Inframundo, un clásico en el camino del héroe o de la heroína. La torre, como representación de una conciencia sólida y estable, le indica que no debe distraerse de su objetivo, que, aunque sienta el impulso de auxiliar al cojo, de rescatar al náufrago o de ayudar a las hilanderas que se encontrará en el camino, eso no son más que juegos de la mente para impedirle alcanzar su destino. Como ya comentamos en el capítulo sobre la Esfinge, cuando tomamos una decisión comienzan a surgir en nuestro camino todo tipo de impedimentos que nos distraen de lo que realmente queremos hacer, ralentizando nuestra marcha y haciendo, a veces, que perdamos el norte y olvidemos nuestro objetivo. Dichas dificultades son retos que se nos envían para que nosotros mismos nos demos cuenta de cuán clara tenemos esa decisión y de qué es lo que estamos dispuestos a sacrificar para alcanzar esa meta. Es necesario que Psique avance en soledad y silencio y que siga las instrucciones que la llevarán directamente hasta Perséfone, hasta las mazmorras inferiores internas, hasta las profundidades de lo más recóndito de su propio ser, donde sólo podrá comer pan, símbolo del ayuno del penitente. El descenso es la metáfora por excelencia de la búsqueda interior.

El Alma regresa habiendo cumplido todas sus tareas, habiendo superado todas las pruebas y, sin embargo, caerá de nuevo en la tentación, al abrir la cajita de Perséfone. Una vez más, García Gual lo relaciona con un rito místerico: la apertura de la cista mística.* «La visión del objeto sacro mata, de un modo aparente, al tiempo que su contemplación hace al *mystes* (iniciado) inmortal. "El hombre viejo ha muerto, el hombre nuevo puede ascender hasta los dioses". Pero queda la gracia divina para salvar al pecador penitente».[64] Así, la apertura de la caja provocará que Psique quede sumida en un sueño eterno del que sólo renacerá por la intercesión de Eros, a través de su beso, a través de la unión definitiva con el dios. Lo que nos muestra que la redención final, la inmortalidad, la entrada en el Olimpo es posible únicamente por la Gracia del dios y a través del matrimonio de nuestra Alma con el Amor que él personifica.

---

* Una cista o cista mística es un vaso sagrado utilizado como recipiente en los ritos mistéricos de la Antigüedad.

Para entrar en el Olimpo...

Debemos ser conscientes de que es necesario realizar una metamorfosis: que de la misma manera que la oruga se convierte en mariposa a través de un proceso que incluye diferentes etapas, nosotros tenemos que ser capaces de transitar con dulce sumisión todos los desafíos que se nos presenten, sabiendo –o, al menos, intuyendo– que son imprescindibles para alcanzar dicha transformación.

Debemos, después, entregarnos sin temor a ese vuelo mágico para empezar el camino cuyo objetivo final será la unión de Tierra y Cielo, de Alma y Amor. Unión que se realizará a través de nuestro cuerpo, concretamente, en el espacio sagrado del corazón.

Debemos integrar las dos energías –femenina y masculina– y debemos también saber elevarnos, cuando sea necesario, para observar la situación desde lo alto, poner distancia y poder, así, comprender qué se nos está moviendo y cómo podemos gestionarlo.

Debemos caminar con firmeza y seguridad, recordando que surgirán miedos, dudas y otros impedimentos en el camino, pero que estos no son más que distracciones de la mente egoica y descentrada, que no debemos permitir que nos aparten del sendero que queremos transitar o nos hagan olvidar cuál es nuestro objetivo.

Debemos, finalmente, reconocer que la meta última de nuestra vida es la plenitud y la felicidad que provienen de la fusión del Alma con el Amor divino –sin confundirlo con el amor humano–. Debemos despertar ese anhelo de búsqueda en nosotros, pues esa unión será lo único capaz de llenar el vacío de nuestra existencia y de calmar la ansiedad provocada por la incertidumbre y la angustia vital. Debemos, después, hacer el trabajo necesario para alcanzar dicho objetivo, pero recordando con modestia que, aunque nosotros lo pongamos todo de nuestra parte, será la Gracia del Amor la que nos bendecirá con la apertura de las puertas del Olimpo cuando, finalmente, nos hayamos transmutado y se nos considere merecedores de dicha gloria.

XII. Circe

«Y llegamos a Eea, la isla habitada por Circe,
la de hermosos cabellos, potente deidad de habla humana.
Es hermana de Eetes, el dios de la mente perversa;
una y otro nacieron del Sol que da luz a los hombres
y su madre fue Persa, engendrada a su vez del Océano».

(HOMERO)[65]

Circe es la gran maga de la mitología griega, famosa, sobre todo, por un episodio de la *Odisea*, en el que convierte en cerdos a los compañeros de Odiseo (o Ulises). También tiene un papel importante en las *Argonáuticas* de Apolonio de Rodas, pues Jasón y Medea van a visitarla para que los purifique del asesinato de su hermano Apsirto. Aparece mencionada, además, en otros textos, entre los que destacan, ya en la tradición romana, las referencias de Ovidio en *Las metamorfosis*.

Es hija del titán Helios, dios del Sol, y de la oceánide Perseis, aunque algunas tradiciones la hacen descender de la misteriosa diosa Hécate, creadora de la hechicería. Además, es hermana de Eetes (rey de la Cólquide y guardián del Vellocino de oro), de Pasífae (esposa de Minos y madre del Minotauro) y de Perses (usurpador del trono de la Cólquide). Vive sola –aunque la acompañan unas cuantas ninfas (que son sus sirvientas) y algunos animales– en un gran palacio, rodeado de bosques, en la isla de Eea.

Sobre su personalidad, es interesante destacar que es inteligente y autosuficiente, algo que no deja de ser sorprendente en un personaje femenino, en el contexto del mundo griego, absolutamente misógino. Sin embargo, como señala la profesora Carmen Estrada en su libro *Odiseicas*, será en la tradición posterior, sobre todo en la literatura romana, cuando «el carácter de Circe adquiera los rasgos negativos que la acompañarán durante el resto de su recorrido por la cultura occidental».[66] Su belleza, su poder de seducción y sus hechizos mágicos serán, a partir de entonces, sus características más destacadas.

Pero vayamos a la *Odisea* para intentar analizar lo que nos está contando este mito. En su viaje de regreso a Itaca, su patria, Odiseo tuvo que sortear numerosos peligros y eliminar múltiples obstáculos. Tras superar a los cíclopes y a los lestrigones, el héroe y su tripulación recalaron en la isla de Eea. Allí decidieron dividirse en dos grupos: uno de ellos, con Euríloco al mando, iría a explorar el territorio, y el otro, en el que estaba Odiseo, se quedaría en las naves esperando sus noticias. Así pues, los marineros se adentraron en la espesura y descubrieron un maravilloso palacio de piedra por el que rondaban leones y lobos, y en el que se escuchaba el canto de la diosa que estaba en sus aposentos, dedicada al arte del tejido. Cuando se acercaron a la mansión, la hechicera los invitó a un banquete y los hombres aceptaron, sin sospechar que el licor que les ofrecía había sido envenenado con una de sus pociones mágicas. Al terminar el ágape, Circe levantó su varita y los transformó en cerdos. Solamente Euríloco que, temiendo una trampa se había quedado observando en la distancia, logró escapar y corrió a avisar a Odiseo de lo sucedido. El héroe, entonces, se dirigió al palacio para rescatar a sus hombres pero, en medio del bosque, se encontró con Hermes, el astuto e ingenioso dios mensajero, quien le previno sobre la maga, le dijo cómo debía actuar para que no le sucediera lo mismo que a los marineros y le entregó una hierba llamada *moly* que le volvería inmune a sus hechizos.

Cuando llegó a la mansión, Circe lo convidó también a un banquete, pero el héroe tuvo la precaución de mezclar la planta de Hermes con la bebida que ella le ofrecía, por lo que el encantamiento no le hizo efecto y la maga quedó atónita cuando Odiseo, sacando su espada, amenazó con matarla. Circe, que ya había sido advertida de que un día llegaría un hombre al que no le harían efecto sus hechizos, lo invitó a su lecho, prometiéndole que no le causaría ningún daño y que devolvería a los marineros su forma humana. Odiseo acabó quedándose un año con ella (algunas tradiciones afirman que fue mucho más tiempo y que incluso llegaron a tener tres hijos) pues, como menciona Carmen Estrada, «estaba hechizado, no por las artes mágicas, sino por el amor de Circe».[67]

Finalmente, los compañeros del héroe le recordaron que debían volver a casa y tuvo que dejar a la maga, no sin antes tomar buena nota de sus advertencias sobre lo que estaba por venir y de sus consejos sobre cómo vencer algunos de sus siguientes obstáculos: las Sirenas, el Hades, Escila y Caribdis…

En relatos posteriores, principalmente en Ovidio, las metamorfosis de Circe se vuelven cada vez más sofisticadas. El poeta romano explica que Pico, un antiguo adivino y rey del Lacio, tras haber rechazado sus requerimientos amorosos, fue transformado por ella en pájaro carpintero.

Además, a la hechicera se le atribuye la mutación de la ninfa Escila en un horrible monstruo marino con cuerpo de mujer, cola de pez y seis perros saliendo de su cintura, pues estaba celosa de ella por el amor de Glauco. En este triángulo amoroso, el pescador Glauco, después convertido en dios marino, había preferido a la ninfa por encima de la diosa y esta, enfurecida, decidió metamorfosear a su rival.

Así pues, Circe es la gran transformadora, pero ¿qué sentido simbólico tienen sus metamorfosis? Ateneo de Naucratis nos proporciona una pista pues, según él, la maga convierte en leones y lobos a aquellos que la visitan y «se dejan llevar por los placeres».[68] Pierre Grimal, en su famoso diccionario de mitología, añade, además, que «los transforma en animales diversos: cerdos, leones, perros... cada uno, dícese, según la tendencia profunda de su carácter y su naturaleza».[69] Circe, en realidad, nos enseña que es en el encuentro con el otro cuando se evidencia nuestra más profunda esencia, nuestro temperamento y nuestra condición. De esta manera, la maga nos ofrece la oportunidad única de mirarnos –si nos atrevemos a hacerlo– en un espejo que no engaña. La pregunta que surge entonces es: si se cruzara Circe en tu camino, ¿en qué animal te transformaría?

Sin embargo, es importante tener en cuenta y no olvidar que el primer paso de este proceso de metamorfosis es el encantamiento, un estado en el que la persona está sometida o subyugada por algo o por alguien, y… ¿quién puede decir que vive, realmente, libre de seducciones o apegos?

Como explica la analista junguiana Marie-Louise von Franz, el hecho de que la persona esté embrujada nos muestra que su condición animal no es la genuina y que, justamente por eso, con el tiempo, dicha persona podrá dejar atrás su piel de bestia y redimirse. Aunque «no se trata únicamente de deshacerse de la piel, sino que se requiere un importante esfuerzo de la conciencia». Según ella, es necesaria cierta madurez y se precisa, además, que el alma esté preparada para integrar el nuevo paso que supone dejar atrás la envoltura de animal, quemarla y trascenderla. Si no hay un cambio de conducta profundo, «la causa de la maldición no se elimina y puede siempre regresar».[70]

En esta narración, vemos que Odiseo es el único personaje al que Circe no puede transformar y sabemos que es gracias a su encuentro con Hermes. El dios mensajero le ha explicado al héroe cómo debe actuar frente a la maga y le ha entregado, además, una planta llamada *moly* que contrarrestará el veneno que esta intentará hacerle beber. La hierba tiene raíz negra y flor blanca –lo que nos vuelve a remitir a la dualidad de la existencia– y sólo puede ser arrancada por los dioses. De esta manera, vemos que Odiseo ha entrado en contacto con los secretos herméticos. Como explica Raimon Arola, «el secreto de Hermes es el misterio de los dioses hechos hombres y el misterio de los hombres rehechos Dios».[71] Hermes es, además, como *psicopompo*,[*] el que acompaña las almas al Hades,

---

[*] Psicopompo (ψυχοπομπός) significa *el que conduce a las almas*. La palabra se compone de *psyche* o alma y *pompos* que es *el que guía o conduce*.

guiándolas para que puedan atravesarlo y renacer a la nueva luz, por ello está muy relacionado con los Misterios de Eleusis ya mencionados.* «Los atributos simbólicos y mitológicos de Hermes no pueden separarse de la transmisión del misterio que permite al hombre obtener su salvación y, así como con su caduceo resucita a los muertos, se le atribuye igualmente el don de la elocuencia, pues la palabra viva resucita la memoria profunda de los hombres (…)».[72] Para escapar del mundo infernal, como señala Arola, los seres humanos tenían que conocer los secretos herméticos, tenían que haber sido iniciados en los Misterios. Vemos que, en el caso de Odiseo, Circe es también parte importante de esa iniciación, pues es ella quien le explica cómo atravesar los reinos del Hades.

Queda claro, entonces, que sólo el héroe que ha integrado los secretos herméticos se libra de la metamorfosis, no necesita esa transformación para verse pues ya ha incorporado dicho conocimiento. El resto, los marineros, son confrontados con su auténtica naturaleza y será de nuevo el héroe –el que conoce los misterios– quien obligue a la maga a devolverles su forma original. El encantamiento se deshace y los hombres de Odiseo aparecen, entonces, mejorados, purificados. Han recibido una iniciación.

Una de las grandes novelas del siglo XX, *La metamorfosis* de Franz Kafka, retoma el tema de la transformación del ser humano en animal; en este caso, el protagonista se convierte en una cucaracha. El autor utiliza también esa metáfora para

---

* Véase el capítulo VIII, dedicado a Deméter y Perséfone.

hacer una reflexión —o una crítica— sobre la sociedad de ese momento que, centrada en la industrialización y el capitalismo, deshumaniza a las personas, convirtiéndolas en máquinas productivas cada vez más sacrificables.

> «Al despertar Gregorio Samsa una mañana,
> tras un sueño intranquilo,
> se encontró en su cama convertido en un monstruoso insecto.
> Se hallaba echado sobre el duro caparazón de su espalda,
> y, al alzar un poco la cabeza, vio la figura convexa
> de su vientre oscuro,
> surcado por curvadas callosidades, cuya prominencia
> apenas si podía aguantar la colcha, que estaba visiblemente a punto
> de escurrirse hasta el suelo. Innumerables patas, lamentablemente
> escuálidas en comparación con el grosor ordinario de sus piernas,
> ofrecían a sus ojos el espectáculo de una agitación
> sin consistencia.
> —"¿Qué me ha sucedido?", pensó».
> (FRANZ KAFKA)[73]

Gregorio Samsa es convertido en una cucaracha. Esta vez no hay una maga de por medio, pero sí una propuesta de introspección: si analizas tu vida, tus motivaciones, tus intereses, tus acciones… ¿puedes descubrir a algún animal guiando tus pasos?

Para entrar en el Olimpo...

Debemos mirarnos profundamente en el espejo de Circe y reconocer cuál es el animal o los animales que se esconden en nuestro inconsciente. Sin miedo que nos paralice, sin trampas, sin rodeos.

Debemos, después, dejar a un lado los juicios y las opiniones para entrar plenamente en ese animal y poder, así, comprenderlo, sabiendo que no es más que un rol que, por algún motivo, hemos adoptado.

Debemos descubrir también cuál es el hechizo que nos ha llevado a necesitar hacer ese papel. Preguntarnos no el porqué (que nos victimiza), sino el para qué (que nos impulsa hacia delante y que nos estimula). ¿Dónde estamos atrapados? ¿Cuál es el encantamiento que nos tiene fascinados?

Debemos, finalmente, con compasión y amor, acoger esa parte de nosotros para poder, después, superarla, trascenderla. Para que se nos revelen los secretos herméticos, para purificarnos, para recuperar la memoria profunda y ser iniciados en los misterios. Para, en definitiva, distanciarnos del mundo material y poder seguir avanzando hacia el Olimpo.

XIII. Heracles

«La Ley, rey de todos, de mortales e inmortales,
condenando la suma violencia,
lo guía todo con soberana mano.
Lo infiero de las hazañas de Heracles;
pues los bueyes de Gerión
llevó a los Pórticos Ciclópeos de Euristeo,
sin haberlos ganado ni comprado».
(PÍNDARO)[74]

Heracles es, por excelencia, el gran héroe del mundo griego. Famoso es su nacimiento, famosas son sus disputas y famosas son, sobre todo, sus hazañas, entre las que destacan los doce trabajos que, por su simbolismo, serán el objeto principal de este capítulo.

Ya en el siglo I d.C., el gramático Heráclito nos recuerda que el mito que trata sobre este héroe tiene un significado profundo y está lleno de alegorías: «No debe creerse que Heracles destacó entre los hombres de su tiempo por la fuerza física desbordante de la que estaba dotado: más bien hay que considerarlo como un personaje prudente, iniciado en los misterios de la ciencia celeste, y que iluminó la filosofía, que se hallaba como sumergida en una densa niebla».[75]

Pero, vayamos por partes... Su genealogía es interesante, aunque complicada: su madre es Alcmena, hija del rey Electrión de Micenas y nieta, por lo tanto, de Perseo y Andrómeda. En cuanto a su padre, aunque oficialmente es Anfitrión, rey de Tirinto, hijo de Alceo y nieto también de Perseo, en realidad es el dios Zeus quien, encaprichado de Alcmena, se hace pasar por su marido –en ese momento ausente en una expedición contra los teléboas de la isla de Tafos– y yace con ella durante una noche que convierte en tres,* engendrando al héroe que recibirá, al nacer, el nombre de Alcides, en honor de su abuelo Alceo.** Al regresar Anfitrión y unirse también a su mujer, concebirán a Íficles. Unos meses después, Alcmena dará a luz a los gemelos, uno humano y el otro semidivino.

Desde el mismo momento de su concepción, Heracles tuvo que padecer la cólera de la diosa Hera que, celosa de todas las amantes de su marido, volcó su rencor en el héroe. Sin embargo, lo que parece una maldición acabará transformándose en una bendición, pues gracias a Hera el héroe podrá alcanzar el Olimpo. Zeus le había prometido a su esposa que el primer descendiente de Perseo que naciera en esos días reinaría en la Argólida, y ella consiguió que su hija Ilitía, diosa de los alumbramientos, retrasara el nacimiento de Heracles y ade-

---

* Véase el capítulo V, dedicado a las Cárites, donde se establece la importancia y el simbolismo del número tres.
** El nombre de Heracles le será otorgado posteriormente, como veremos más adelante.

lantara el de su primo Euristeo, lo que convirtió a este último en rey.

Explica el mito que, siendo bebé, Heracles fue amamantado por Hera, que había sido engañada por Hermes o por Atenea (dependiendo de la versión) para que le hiciera de nodriza, desconociendo la identidad del niño. Sin embargo, este había succionado su pecho con tal violencia que hirió a la divinidad y ella lo apartó con fuerza, cayendo en el cielo una estela de leche que sería conocida como la Vía Láctea.

Cuando contaban con ocho meses, la diosa colocó en la cuna de los gemelos dos serpientes que se enroscaron en sus cuerpos; Ificles rompió a llorar pero, en cambio, Heracles agarró a los animales y los ahogó, mostrando ya su vigor y su valor. Este episodio, que evoca la victoria de Apolo sobre la serpiente Pitón –símbolo de las energías del Inframundo– y su triunfo sobre las fuerzas telúricas, nos muestra el carácter solar y luminoso del héroe que, desde niño, domina esas poderosas fuerzas.

El mito narra la educación de Heracles (que no es sólo marcial sino también filosófica) y las diferentes proezas que lleva a cabo en su juventud, como la matanza del león de Citerón, cuya piel será después uno de sus emblemas distintivos. Además, aunque se relaciona con todas las divinidades, Apolo, Atenea y Hermes son aquellos con los que tiene más afinidad y cercanía. Aprende del primero el tiro con arco; de la segunda, el valor y la sabiduría; y del tercero, la sagacidad y el razonamiento.

Se cuenta que Creonte, rey de Tebas, había otorgado al héroe la mano de su hija, la princesa Megara, como agradecimiento por librarle de sus enemigos. Con ella tuvo varios hijos pero, en un ataque de locura provocado por Hera, acabó matándolos. Al volver en sí y darse cuenta de sus actos, Heracles se sintió horrorizado y, enajenado, quiso suicidarse pero, según unas versiones, fue llevado a Atenas por Teseo y, según otras, se alejó de la sociedad y se fue a vivir a tierras salvajes hasta que su hermano Ificles lo encontró y lo convenció para que fuera a consultar el Oráculo de Delfos. Es necesario, evidentemente, leer este episodio en clave alegórica y comprender que nos está anunciando el viaje místico que emprenderá el héroe. Como señala el profesor Francisco Ariza: «quien vaya a someterse a las pruebas iniciáticas y recibir los misterios sagrados debe renunciar a su vida anterior».[76] Es imprescindible, pues, que haya un cambio radical (y eso es lo que simboliza el asesinato de sus hijos) y, tras él, un periodo de oscuridad que estaría representado por esa estancia en tierras salvajes. Es interesante, además, descubrir que este proceso no es exclusivo de la mitología griega y ni siquiera se enmarca solamente en el ámbito occidental, pues encontramos paralelismos en otras culturas, en otros imaginarios, en otras filosofías. Uno de los más bellos ejemplos está en la *Bhagavad Gita*, libro sagrado del hinduismo, que se inicia narrando el abatimiento del héroe Arjuna, al darse cuenta de que tiene que luchar contra sus propios parientes y ponerse bajo la advocación del dios Krishna para cumplir su *dharma*, es decir, sus deberes religiosos y morales:

«Y al ver dispuestos en orden de combate a todos sus parientes, el hijo de Kunti (Arjuna), compenetrado de profunda compasión, ganado por el desaliento, dijo estas palabras:

Viendo, oh Krishna, aquí a los míos, reunidos para combatir,
mis miembros desfallecen, mi boca se seca,
mi cuerpo tiembla y se horripila.
Mi arco Gandiva cae de mi mano, arde mi piel,
no puedo tenerme en pie, y me parece que mi mente diera vueltas.
Veo contrarios augurios, oh Keshava (Krishna),
y no comprendo el bien que puede ser matar
a los míos en este combate».

(BHAGAVAD GITA)[77]

Así pues, al inicio del camino iniciático, el héroe tiene miedo, dudas y tristeza. El primer paso será superar todas esas emociones, lícitas pero paralizantes, y lanzarse a la aventura. Para Heracles, ese movimiento inicial consiste en ir a Delfos, a visitar al Oráculo y a escuchar lo que tiene que decir la Pitia, la sacerdotisa de Apolo. Será allí donde, según el mito, recibirá el nuevo nombre de Heracles* —es decir, *gloria de Hera* o *el que obtiene la gloria a través de Hera*—. Empieza entonces un proceso de profunda transformación que se concreta cuando la Pitia délfica le ordena que se ponga al servicio de su primo —el ya mencionado rey Euristeo, favorecido por Hera— durante doce años y le promete que, como premio a sus penalidades, conseguirá la inmortalidad, la entrada en el Olimpo. Así pues, se le

---

* Tradicionalmente, el cambio de nombre está ligado a un cambio de estado, a un nuevo nacimiento. También en el cristianismo, la primera iniciación consiste en el bautismo, sacramento que simboliza la purificación, el nacimiento a una nueva vida y la entrada en la Iglesia cristiana, que se hace a través de la inmersión en el agua (elemento purificador) y de la entrega de un nombre (que debe ser cristiano, pues se está poniendo a la persona bautizada bajo la advocación de un santo).

está pidiendo que se ponga al servicio, que rinda su voluntad al deseo de los dioses. Euristeo, que es el ejecutor de la voluntad de la diosa, le mandará hacer esos doce trabajos que, como afirma Pierre Grimal,[78] representarán, según el pensamiento místico, «las pruebas del alma que se libera progresivamente de la servidumbre del cuerpo, así como de las pasiones, hasta la apoteosis final». Hasta entrar en el Olimpo.

Vemos entonces que esos doce trabajos –esas doce pruebas–, que interpretados desde un registro real[*] parecen una adversidad, acabarán siendo una bendición, entendidos desde una perspectiva simbólica.

Detengámonos ahora un momento para analizar el significado del doce, otro de los números importantes que aparece aquí, pero que podemos encontrar en muchos y variados contextos. Veamos algunos ejemplos: doce son los meses del año, doce las notas musicales de la escala cromática y doce los signos del zodíaco. Doce son los dioses del Olimpo, los caballeros de la Mesa Redonda, los arquetipos del alma, los apóstoles de Cristo y las tribus de Israel. En el cuerpo humano tenemos veinticuatro costillas (dos grupos de doce), doce vértebras torácicas y doce nervios craneales. El día se divide en veinticuatro horas, es decir, doce más doce; cada hora se divide en cinco por doce minutos; y cada minuto en cinco por doce segundos.

Cinco por doce nos remite a uno de los sólidos platónicos:[**]

---

[*] Entiéndase aquí la palabra *real* tal como fue definida por el psicoanalista Jacques Lacan: como una dimensión de lo psíquico (que funciona según tres registros, a saber: lo real, lo imaginario y lo simbólico).
[**] Los sólidos platónicos son cinco poliedros regulares, cuyas caras son polígonos iguales entre sí y en cuyos vértices concurren el mismo número de caras. Aunque parece ser

el dodecaedro (un poliedro de doce caras pentagonales). Tanto Platón como, posteriormente, los filósofos y los artistas del Renacimiento –en especial el matemático Luca Pacioli–[79] otorgaron a esta figura un simbolismo místico, relacionado con la acción creadora de la divinidad.

En Geometría Sagrada, el dodecaedro está relacionado con el quinto elemento, el éter, que es el que conecta y sostiene a los demás elementos y, por consiguiente, representa a la Madre, a esa unidad que todo lo contiene, a esa unidad que es puro amor. El doce es la energía que mueve el corazón, pues doce son también los pétalos de *anahata*, el cuarto chakra que ahí está situado. El arquetipo del amor incondicional resuena con el doce. El dodecaedro nos conecta con el plan del alma y, al hacerlo, nos abre el camino hacia la ascensión. En el mito de Heracles, es gracias a la Madre –evidentemente, Hera –que el héroe podrá conectarse con el plan de su alma y se le abrirá el camino, a través de los desafíos que irá dominando, de la ascensión hacia el Olimpo. Recorrido que terminará, finalmente, con su apoteosis.

El héroe realizará, por lo tanto, doce trabajos que, impuestos por su primo, el rey Euristeo, le acabarán llevando a congraciarse con la diosa Hera. Vemos que las pruebas que enfrenta le conducen a cerrar un ciclo que se inicia con la separación de la madre y de todo lo femenino que hay en él para llegar, al final de su viaje, a la reconciliación con la diosa y a la integración de dicha energía. A través de sus trabajos, el héroe

---

que ya eran conocidos por Pitágoras, fueron definidos por Platón en su diálogo *Timeo* (55ss), asociándolos, además, a los cuatro elementos y al Universo.

busca el equilibrio, el camino medio, el centro armónico entre las dos energías (la masculina y la femenina), el núcleo de la cruz donde tiene lugar el encuentro de lo superior con lo inferior (armonizando, así, las contradicciones que nacen en él debido a su doble naturaleza divina y humana). Y, al hacerlo, nos muestra justamente el lugar donde debemos colocarnos, el espacio donde se mueve la energía del número doce, el espacio sagrado del corazón.

«Mira cada camino de cerca y con intención. Pruébalo tantas veces
como consideres necesario. Luego hazte a ti mismo,
y a ti sólo, una pregunta. Es una pregunta que
sólo se hace un hombre muy viejo.
Mi benefactor me habló de ella una vez cuando yo era joven,
y mi sangre era demasiado vigorosa para que yo la entendiera.
Ahora sí la entiendo. Te diré cuál es: ¿tiene corazón este camino?
Todos los caminos son lo mismo: no llevan a ninguna parte.
Son caminos que van por el matorral.
Puedo decir que en mi propia vida
he recorrido caminos largos, largos,
pero no estoy en ninguna parte.
Ahora tiene sentido la pregunta de mi benefactor.
¿Tiene corazón este camino?
Si tiene, el camino es bueno; si no, de nada sirve.
Ningún camino lleva a ninguna parte,
pero uno tiene corazón y el otro no.
Uno hace gozoso el viaje; mientras lo sigas, eres uno con él.
El otro te hará maldecir tu vida. Uno te hace fuerte; el otro te debilita».
(CARLOS CASTANEDA)[80]

Así pues, tras su viaje a Delfos, el héroe somete su voluntad a la de los dioses y, al hacerlo, muestra que es capaz de renunciar a su orgullo, puesto que el rey, a pesar de su estatus, es inferior a él en tanto que semidios. Euristeo, por su parte, preocupado por si Heracles tiene intenciones de arrebatarle el trono, decide deshacerse de él, encomendándole estas doce labores, a cual más complicada.

Es interesante destacar que los doce trabajos de Heracles han sido relacionados con los doce signos del zodíaco, el círculo de constelaciones que encierra el sistema solar y que, para los antiguos, rodeaba el mundo y se encontraba en la octava esfera –más allá de las siete esferas planetarias– marcando la ruta por la que transitaban dichos planetas. Asimismo, también vale la pena comentar que, tanto en la alquimia como en el hermetismo, el cinturón zodiacal se representaba como el uroboros, la serpiente que se muerde la cola.

Sin embargo, ya desde la Antigüedad existían muchas variantes en el orden de los trabajos de Heracles. Según Pierre Grimal, los mitógrafos de época helenística los dividieron en dos series de seis: los primeros tienen lugar en el Peloponeso y los segundos, en diferentes lugares del mundo: Creta, Tracia, Escitia, el extremo Occidente, el país de las Hespérides y los Infiernos. Seguiremos el orden que propone este historiador, analizando, tras cada reto, el signo zodiacal con el que ha sido relacionado.

Trabajo 1:
El león de Nemea

Hijo, según la versión, de Tifón y Equidna, de Ortro y Quimera o de Zeus y Selene, el león de Nemea era un monstruo que aterrorizaba a las gentes de la zona, devorando personas y ganado. Era invulnerable, pues su gruesa piel impedía que las armas pudieran penetrarle. Euristeo mandó a Heracles que fuera a matarlo y que lo despojara de su piel. En un primer momento, al enfrentarse a la bestia, el héroe lanzó todas sus flechas contra ella pero, al ver que ni se inmutaba, la amenazó con su maza (hecha por él mismo y que es uno de sus atributos) para que entrara en su cueva. La guarida de la fiera tenía dos entradas y Heracles había, previamente, obturado una de ellas para que no pudiera escapar. Una vez dentro, cogió al león entre sus brazos y lo ahogó. Acto seguido, lo despellejó, utilizando las mismas garras del animal (tras haber sido asesorado sobre ello por Atenea) y se revistió con su piel, utilizando la cabeza como su casco. Hizo después un sacrificio a Zeus Soter (o Salvador) e instituyó los Juegos Nemeos en honor del dios. Al regresar a Micenas, Euristeo, asustado al darse cuenta del valor del héroe, le prohibió entrar en la ciudad.

El león de Nemea, que come carne humana, simboliza una individualidad profundamente egoísta que es muy peligrosa. Heracles debe, en primer lugar, reconocerse a sí mismo como individuo y, en segundo lugar, conquistar dicho egoísmo (matar al león) y sustituirlo por altruismo, trascendiéndolo a través de la humildad. Heracles le arranca la piel al león y se viste con ella, como símbolo del dominio sobre sí mismo.

Esta prueba está relacionada con el signo de Leo, que nos habla de la importancia de nuestra individualidad y de nuestro talento personal, que debemos poner al servicio del plan del alma.

Trabajo 2:
La hidra de Lerna

La hidra, monstruo acuático y ctónico representado como una serpiente de varias cabezas (el número varía de cinco a cien, según los autores), con escamas muy duras y un aliento mortal, era hija también de Tifón y Equidna. Había sido criada por Hera y custodiaba una de las entradas al Inframundo, devastando las cosechas y los ganados del país. Euristeo pidió a Heracles que acabara con ella y, como era una hazaña complicada, el héroe acudió a su sobrino Yolao en busca de ayuda. Entre ambos, atacaron a la bestia y le cortaron las cabezas. Sin embargo, de cada una que cercenaban surgían dos o tres más, por lo que el número de testas se iba multiplicando a gran velocidad. Se les ocurrió hacer un incendio, coger los tizones e ir quemando las heridas para evitar que la carne se reprodujera. Al final, sólo quedó la cabeza central que, como era inmortal, no podía arder y Heracles decidió enterrarla, colocando sobre ella una enorme roca. Hera, que contemplaba todo el proceso, decidió enviar un cangrejo gigante como aliado de la hidra. Este mordió al héroe en el talón, pero él lo acabó aplastando.

La hidra representa el inconsciente personal y todas sus facetas. Como señala Francisco Ariza: «Las cabezas de la hidra simbolizan los distintos yoes de la individualidad humana que, sin embargo, es sólo una. Los seres humanos somos propicios a la ilusión de la multiplicidad que no es sino ignorancia, la causa de todos nuestros males. Esto es lo propio del mundo sublunar y no es casualidad, pues esa multiplicidad se refleja en el hecho de que por cabeza que cortaban de la hidra surgían dos o tres más, con lo que el número de cabezas aumentaba de forma exponencial». Heracles se enfrenta, así, a todo lo que esconde su inconsciente y, con el entierro de la cabeza inmortal y la colocación de la roca sobre ella, «está poniendo la primera piedra de la construcción de su templo interno».[81]

El segundo trabajo está en relación con Escorpio, signo que rige la muerte e implica la transformación y la liberación. Al entrar en contacto con su inconsciente personal, Heracles está iluminando su oscuridad, destapando lo oculto y sacándolo a la luz para poder integrarlo, transformarlo y liberarlo puesto que, de otra forma, si quedara escondido, se iría pudriendo y produciría una enfermedad que, a la larga, sería mortal. De la misma forma que una picada de escorpión inocula un veneno que puede acabar matándote, la oscuridad interior, si no se saca a la luz, puede acabar destruyéndote.

Trabajo 3:
El jabalí de Erimanto

Como tercer trabajo, Euristeo le pidió que capturara y trajera vivo a un monstruoso jabalí que vivía en Erimanto y espantaba a la población, destruyendo árboles con sus colmillos, alimentándose de seres humanos y causando estragos por donde pasaba. Sin embargo, en el camino hacia Erimanto, el héroe se detuvo para visitar a su amigo, el centauro Folo, quien le invitó a comer. Ambos se emborracharon y, poco después, fueron atacados por los otros centauros, a los que habían robado el vino. Heracles acabó matándolos con flechas envenenadas (pues las había empapado con el veneno de la hidra de Lerna). Folo, lleno de curiosidad por saber cómo un objeto tan pequeño podía matar a unos seres tan grandes, cogió una de las flechas, con tan mala suerte que se le cayó en el pie y murió del mismo veneno.

Heracles retomó su trabajo y, finalmente, subiendo a la cima de una montaña, encontró al jabalí. Tras perseguirlo durante varias horas, lo acabó fatigando, acorralando y capturando con una trampa. Cargándolo sobre su espalda, regresó a Micenas donde, Euristeo, asustado al verlo llegar, se ocultó dentro de una jarra.

Por un lado, el receso que supone su encuentro con Folo simboliza el hecho de dejarse persuadir por los instintos básicos y las tentaciones, lo que provoca que Heracles pierda de vista −momentáneamente, en este caso− el objetivo de su tarea, que queda pospuesta. Las tentaciones no son más que una prueba para que el héroe muestre su verdadera implicación. Este trabajo está relacionado con el signo de Libra, que se concreta en el deseo de vincularse, el de querer agradar. Heracles sube después a la cima de una montaña, algo que, tradicionalmente, ha sido un símbolo de trascendencia. Allí, crea una trampa para cazar al jabalí, lo que también se relaciona con Libra, signo pacificador y que evita los conflictos directos. El héroe no debe someterse ni rebelarse, sino encontrar el equilibrio entre la sumisión y la soberbia. El jabalí, por último, simboliza el ego y las bajas pasiones, los aspectos conflictivos de sí mismo, que el héroe deberá observar pacientemente para poder, después, comprenderlos y sanarlos.

Trabajo 4:
La cierva de Cerinia

Una vez más, Heracles tuvo que vérselas con un animal enorme que destrozaba todo lo que encontraba a su paso. En este caso, debía capturar a una cierva muy veloz que tenía cuernos de oro y pezuñas de bronce, estaba consagrada a Artemisa y vivía en el monte Cerinia. El héroe la persiguió durante un año sin poder atraparla hasta que, finalmente, la hirió con una flecha y pudo apresarla.

En este mito, la cierva con cuernos de oro simboliza la sabiduría intuitiva, que es veloz y difícil de alcanzar. El oro, para los griegos, representaba la luz del conocimiento, mientras que el bronce, como ya hemos comentado al hablar de Teseo, era la desmesura y la depravación. Es por eso que los cuernos, en la parte superior, son de oro, y las pezuñas, que la hacen veloz y destructora, son de bronce. Heracles tendrá que apoyarse en su instinto e intuición para atraparla. El trabajo está relacionado con el signo de Cáncer, cuyo regente es la Luna (los cuernos se asocian también a este planeta), que está ligada a la intuición y al instinto.

Trabajo 5:
Las aves del lago Estínfalo

Con pico, alas y garras de bronce, las terroríficas aves del lago Estínfalo eran un peligro para los alrededores puesto que se alimentaban de carne humana y, además, sus excrementos eran venenosos y arruinaban los cultivos. Euristeo envió a Heracles a exterminarlas, pero era una tarea complicada pues los pájaros vivían escondidos en un tupido bosque y, aunque consiguió localizarlos y lanzarles algunas flechas, estas rebotaban y no daban en el blanco. No obstante, Atenea acudió en su ayuda y le entregó unos címbalos (en otras versiones una campana o un cascabel), diciéndole que debía tocarlos desde una colina elevada. Al sonar el instrumento, las aves salieron volando asustadas y jamás se las volvió a ver por la zona. Se dice que algunas de ellas huyeron a la isla de Ares en el mar Negro, donde más tarde serían encontradas por los argonautas, y que otras fueron a Micenas, cuyo rey, Euristeo, tuvo que refugiarse hasta que llegó el héroe y volvió a hacer sonar el instrumento para que los pájaros desaparecieran de nuevo.

En este caso, las aves simbolizan las creencias o ideas rígidas y cristalizadas que no nos permiten avanzar. El héroe las purifica a través del sonido, utilizando los címbalos que le ha entregado Atenea, diosa de la sabiduría (la inteligencia divina, la inspiración del cielo); y, así, en este trabajo, despierta su mente superior, su parte divina. El desafío estaría relacionado con el signo de Sagitario, que es el ámbito de los conocimientos elevados, el arquetipo del maestro, el que sabe discriminar entre lo correcto y lo erróneo.

Trabajo 6:
Los establos del rey Augías

En esta ocasión, Euristeo quiso humillar a Heracles imponiéndole una labor servil y le envió a limpiar los establos del rey Augías en un solo día. Este, hijo del dios Helios (el Sol), había heredado de su padre muchísimos rebaños, pero nunca se había ocupado de eliminar el estiércol, por lo que la tarea era casi imposible. En esta ocasión, la fuerza no le servía de nada y el héroe tuvo que utilizar su inteligencia. Así, desvió el cauce de los ríos Alfeo y Peneo, construyendo dos canales que llevaban las aguas hasta los establos, y logró que toda la suciedad fuera arrastrada por ellas. Augías, que había prometido darle parte de su ganado si cumplía con el trabajo, faltó a su promesa y desterró a Heracles de su reino (lo que provocaría una guerra posterior entre ambos).

Los establos de Augías simbolizan la mente, sobre todo, cuando está llena de prejuicios y suciedad, que el héroe deberá limpiar para que la energía pueda fluir correctamente. Y, en este caso, lo hace desviando el cauce de dos ríos, que aquí representan lo que el hinduismo conoce como los dos canales *ida* y *pingala*.* Dichos canales encarnan la dualidad básica de

---

* Según el hinduismo, la energía vital que sostiene nuestra vida fluye a través de numerosos canales energéticos o *nadis*. Los tres más importantes son *ida*, *pingala* y *sushumna*. *Ida* es el *nadi* lunar, está *relacionado* con el sistema parasimpático y es el canal de la fuerza psíquica o mental que controla los procesos intelectuales y analíticos. Está ubicado a la izquierda de *sushumna*. *Pingala* es el *nadi* solar, está a la derecha y se relaciona con el sistema simpático, es el canal de la fuerza física, de la energía vital y controla los procesos fisiológicos. *Sushumna* es el único canal energético que empieza en la base de la columna (chakra *muladhara*) y llega hasta el centro más elevado, el chakra *sahasrara*, situado en

la existencia, cuyo equilibrio es esencial para moverse por el mundo. Y dichos canales se unen, además, con otro central llamado *sushumna* (el espacio vacío, carente de cualidades, sin prejuicios, el principal canal de energía del cuerpo y responsable de la conciencia espiritual) en el sexto chakra –*ajna*, tercer ojo–, que es la región de Acuario. Acuario es el aguador, el que vierte el agua celeste sobre la tierra y es también el símbolo del ser humano como intermediario entre el Cielo y la Tierra. Y, justamente, el ideograma que representa a Acuario lleva dibujados estos dos canales. Los establos de Augías son limpiados por el agua del aguador. Heracles actúa como depurador y purificador, equilibrando el fluido que corre por los dos canales para unirlo en uno solo y que la energía pueda subir hasta la mente y limpiarla de suciedad.

Trabajo 7:
El toro de Creta

Existen dos versiones diferentes sobre el origen del toro de Creta: la primera afirma que era el que había raptado a la princesa fenicia Europa, y la segunda dice que era el toro que Poseidón hizo salir del mar, cuando el rey Minos le prometió un sacrificio, y que más tarde se convertiría en el amante de Pasífae y en el padre del Minotauro. Sea como sea, el animal era salvaje y echaba fuego por la nariz. Euristeo encargó a

---

la coronilla; este canal permite la relación de los chakras entre sí y es responsable de la energía espiritual.

Heracles que se lo trajera vivo. Minos le autorizó a capturar al toro y el héroe logró subirse a su lomo, llevándolo después hasta Micenas a través del mar Egeo. Euristeo quiso, entonces, ofrecer con él un sacrificio a Hera, pero esta lo rechazó porque había sido capturado por Heracles. Finalmente, soltaron a la bestia, que recorrió Grecia hasta llegar al Ática donde fue sacrificado por Teseo.*

El toro simboliza a la bestia interior, está relacionado con el mundo del deseo y, más concretamente, con la sexualidad. El hecho de que esté en una isla, rodeada de agua que simboliza las emociones, nos habla del aislamiento emocional de la persona que está atrapada en el deseo. Heracles se monta sobre él y lo lleva hasta Micenas a través de las aguas –de las emociones–, lo que significa que el héroe consigue controlar las riendas del deseo y romper las cadenas que, atándole a la materia y a los bajos instintos, lo tenían esclavizado. Liberado de la servidumbre de la ilusión material, puede ahora vivir con pureza en el plano físico y seguir avanzando en el camino hacia el Olimpo.

Este trabajo se vincula con Tauro, no sólo porque se trata de capturar a un toro, sino también porque este signo tiene que ver con el placer (su regente es Venus) y con la capacidad de producir a nivel material. Tauro es el hedonismo, la búsqueda de la satisfacción y del deleite.

---

* Véase el capítulo II, dedicado a Teseo.

Trabajo 8:
Las yeguas de Diomedes

Hijo de Ares y la ninfa Cirene, Diomedes era un gigante que gobernaba como rey en Tracia. Allí, tenía un establo con cuatro yeguas que comían carne humana y las alimentaba con los extranjeros que llegaban a su tierra. En el mundo griego, en el que la hospitalidad era algo prácticamente sagrado, este acto era considerado salvaje y bárbaro. Heracles, al realizar esta tarea, no sólo supera una prueba sino que, además, se muestra como héroe civilizador.

Para vencer este reto, reunió un ejército de voluntarios y consiguió robar las yeguas; sin embargo, Diomedes los persiguió con sus tropas y ambos grupos se enzarzaron en un combate. Entre tanto, Heracles dejó las jacas a su amigo Abdero, que sería devorado por ellas (el héroe fundaría, después, en su honor, la ciudad de Abdera e instituiría los juegos agonales). Diomedes, derrotado, acabó siendo devorado por sus propias yeguas. Se cuenta que estos animales, poco después, se volvieron mansos y acabaron muriendo en el Olimpo. También existe una leyenda que dice que Bucéfalo, el caballo de Alejandro Magno, descendía de una de ellas.

En este relato destacan dos cuestiones: por un lado, el hecho de que las yeguas devoren a los extranjeros, es decir, a aquellos que han dejado su propia tierra, a los que han abandonado el trabajo sobre sí mismos; y, por otro lado, la destrucción del bárbaro, que acaba siendo aniquilado por su propia barbarie. El héroe civilizador restaura el orden, destruye el salvajismo y recupera la humanidad. El trabajo está relacionado con Aries, que es un signo regido por Marte, dios de la guerra, y se caracteriza por ser iniciador, es el signo que destruye lo que no sirve para comenzar algo nuevo.

Trabajo 9:
El cinturón de la reina Hipólita

Hipólita, reina de las amazonas, poseía un cinturón mágico que le había regalado su padre, el dios Ares. En esta ocasión, fue Admete, la hija de Euristeo, quien encargó el trabajo a Heracles, pues quería hacerse con el preciado objeto. Existen dos versiones diferentes: una en la que Hipólita se enamoró del héroe y le iba a dar el cinturón como testimonio de su amor, no obstante, Hera propagó el rumor de que este y sus compañeros habían raptado a la reina y, para vengarse, las amazonas asaltaron la nave. La disputa acabó con Heracles matando a Hipólita y quitándole el cinturón. En la segunda versión, que tiene el mismo final, el semidios había secuestrado a Melanipa, una de las hermanas de Hipólita, y exigía el cinturón como rescate. La reina se lo dio pero, entre tanto, Teseo había capturado a Antíope, otra de las hermanas de Hipólita, y las amazonas los atacaron para rescatarla. Los dos héroes consiguieron huir, pero previamente Heracles mató a la reina.

En la mitología griega, las amazonas son mujeres guerreras que se gobiernan a ellas mismas. El mito estaría relacionado con Virgo, pues este signo se caracteriza por la practicidad, el pragmatismo y el orden estricto y propio. El cinturón de Hipólita simboliza su poder y ella, por amor, está dispuesta a entregárselo al héroe. Sin embargo, no llega a hacerlo y este acaba consiguiéndolo a través de la batalla y el enfrentamiento, lo que representa a las energías masculina y femenina en conflicto; es necesario ponerlas en equilibrio. Se dice que, a nivel simbólico, aunque lleva a cabo el trabajo, en realidad Heracles no supera esta prueba pues no comprende que el cinturón –el amor que Hipólita estaba dispuesta a entregarle, renunciando a su poder– no puede robarse. Hubiera tenido que integrar su polaridad femenina y obtener el ceñidor sin agresión, ya que es el amor y no la violencia lo que hace la conquista realmente significativa.

No obstante, en ocasiones se ha enlazado esta aventura con el rescate de la princesa Hesíone para argumentar que, finalmente, el héroe consigue desbloquear su parte femenina y dejarla en libertad a fin de que pueda expresarse sin restricciones. Hesíone era una princesa troyana, hija del rey Laomedonte. Este había causado una afrenta a Poseidón, quien se había vengado enviándole un monstruo marino que devoraba a todo aquel que salía de la ciudad. Laomedonte fue, entonces, a consultar el oráculo para saber cómo liberarse del monstruo, y este le indicó que tenía que darle a su hija Hesíone en sacrificio. Así pues, encadenó a la princesa a una roca frente al mar y la dejó allí, a la espera de que el monstruo la devorara. Al pasar Heracles frente al peñasco, cuando volvía del país de las amazonas, escuchó los gritos de la princesa y la liberó. Dicha liberación simbolizaría, pues, la conquista de esa armonía entre las polaridades masculina y femenina. La idea subyacente en estas dos aventuras es la búsqueda y la obtención del equilibrio interior para superar la dualidad y comprender que ambas energías no son opuestas, sino más bien polaridades que se complementan.

Trabajo 10:
Los bueyes de Gerión

Gerión (o Geriones), hijo del guerrero Crisaor (vástago, a su vez, de Poseidón y Medusa) y de la oceánide Calírroe, era un gigante alado que tenía tres cuerpos unidos por la cintura. Se decía de él que era muy sabio e invencible en la batalla. Vivía en la isla de Eriteia, situada en el extremo Occidente,[*] donde tenía muchas cabezas de ganado que eran custodiadas por el pastor Euritión y un perro de dos cabezas llamado Ortro, hijo de Tifón y Equidna. Euristeo ordenó a Heracles que le trajera los bueyes de Gerión pero, nuevamente, la tarea tenía varias dificultades: la primera consistía en cruzar el océano. Para ello, hizo un trato con Helios (el Sol), quien le prestaría la gran copa dorada en la que se embarcaba todas las noches para cruzar el mar y regresar a su palacio en Oriente. Dicha copa, fabricada por Hefesto, brindaba protección frente a las posibles batallas. Una vez en la isla, el héroe tuvo que enfrentarse con el perro Ortro y con el boyero Euritión, a los que abatió con su maza. Robó los bueyes, pero después se vio obligado a luchar contra Gerión quien, sabiendo del hurto, había corrido a atacarle. El gigante acabó, sin embargo, siendo aniquilado por las flechas del héroe.

Se dice que fue en el viaje de ida (en algunas versiones es en el de vuelta a Grecia) cuando separó las rocas que unían África y Europa, en los confines del mar Mediterráneo, abriendo el estrecho de Gibraltar y poniendo allí las famosas Colum-

---

[*] Parece ser que era en la bahía de Cádiz.

nas de Hércules (siendo la primera identificada con el peñón de Gibraltar y la segunda, con el monte Hacho de Ceuta o con el monte Musa de Marruecos). Durante el regreso, tuvo que afrontar múltiples peligros y sufrir robos y ataques, por lo que llegó al final de su viaje solamente con una parte del rebaño, que Euristeo sacrificó a Hera.

Vemos que, en este trabajo, el héroe atraviesa el océano, en plena oscuridad, con la copa de oro de Helios. El agua –el mar, el océano– representa, como sabemos, las emociones y la copa de oro del Sol es un emblema de las cualidades espirituales del brillante héroe, que le permitirán llegar indemne a la isla y liberar a los bueyes. El rebaño viene a simbolizar a la humanidad presa de las emociones (están en una isla rodeada de mar), bajo el dominio de Gerión, que se podría relacionar aquí con *maya** –o la ilusión– en el hinduismo, siendo sus tres cabezas las tres *gunas*** de la filosofía yóguica.

Esta tarea está relacionada con el signo de Piscis que es emoción pura y, a menudo, se presenta con una gran confusión.

---

* *Maya* es una palabra sánscrita que se puede traducir como *ilusión*, *espejismo* o, incluso, *engaño* y se utiliza, en el hinduismo, para hablar de la irrealidad o la apariencia falsa del mundo material en el que estamos inmersos.
** En este mundo ilusorio en el que vivimos, todo (seres humanos, comida, animales, objetos, etc.) se compone de tres *gunas* o cualidades, que están presentes en diferentes grados, habiendo siempre una más dominante que las otras. Estas *gunas* son *sattva* (pureza), *rajas* (actividad) y *tamas* (oscuridad, destrucción).

Trabajo 11:
El can Cerbero

En este reto, el cometido de Heracles fue descender al Inframundo para capturar al perro de Hades, Cerbero. Dicho animal era un monstruo de dos o tres cabezas (según la versión) que tenía una serpiente en lugar de una cola. El can era el guardián de las puertas del Infierno y se aseguraba de que los muertos no salieran y de que los vivos no pudieran entrar. Como hijo de Equidna y Tifón, era hermano de Ortro.

Lo primero que hizo el héroe para poder salir victorioso de este nuevo reto fue viajar a Eleusis y ser iniciado en sus Misterios con el objetivo de aprender cómo entrar y salir vivo del Hades y, además, absolverse de la culpa que sentía por haber matado a sus hijos y purificarse por la matanza de los Centauros. Después, a instancias de Zeus, recibió la ayuda de Hermes y Atenea para atravesar el Inframundo. Allí, se encontró con diferentes personajes –entre los que destacan la gorgona Medusa (en este caso, Hermes le advirtió que no era más que una sombra) y el héroe Teseo, a quien liberó de los Infiernos– hasta que llegó frente a Hades. Le pidió autorización para apropiarse del can y el dios accedió, a condición de que no utilizara ninguna de sus armas habituales. A pesar de ello, Heracles consiguió reducir al animal y llevárselo a Euristeo, quien sintió tanto miedo que, nada más verlo, se puso a refugio. Finalmente, el héroe decidió devolver el perro al Hades.

Tal vez, lo más interesante de este relato sea lo que descubre Heracles sobre sí mismo al bajar al Hades. Él ha sido iniciado en los Misterios de Eleusis, quiere liberarse de la culpa y purificarse. Al llegar a las puertas del Inframundo, está Cerbero, guardián del umbral de la inmortalidad (o del descubrimiento de la no dualidad). Sus dos cabezas pueden representar justamente dicha dualidad o, en el caso de que sean tres, los planos físico, mental y espiritual. Heracles atrapará al animal sin herirlo pero, después, una vez realizado el trabajo lo devolverá a su dueño, pues la enseñanza ya ha sido comprendida y aprehendida.

> «Mientras esta escritura
> pretende poner orden en el caos,
> yo desciendo del orden al caos
> para ver si así logro entender mejor
> la estructura de lo humano o mis cárceles.
> "Desciendo y averiguo cuán lento es el combate que tiene lugar abajo, en las mazmorras. Su lentitud es la clave del placer de los dioses que lo contemplan sin dejar de sonreír con la indulgencia paternal que caracteriza a los domadores de bestias. Desciendo y veo que los luchadores son de la misma condición y que el innecesario pugilato no es sino el disfraz de su ignorancia: ellos no se reconocen"».
> (CHANTAL MAILLARD)[82]

También es interesante analizar el encuentro con Medusa. Esta, como sus hermanas gorgonas, simboliza una deformación de la psique; en este caso, la exageración de la culpa que sólo «sirve al culpable para reflejarse vanidosamente en la complejidad, imaginada única y excepcionalmente profunda, de su vida subconsciente». Medusa muestra que «no basta con descubrir la culpa: hay que resistir su visión de manera objetiva, no más exaltada que inhibida (sin exagerarla ni minimizarla). La confesión misma debe estar exenta de exceso de vanidad y de culpabilidad. Medusa simboliza la imagen deformada de sí, que petrifica de horror en lugar de iluminar».[83] Y será precisamente Hermes, el dios poseedor de los secretos herméticos (o la mente superior), quien le muestre que esa exageración de la culpa, eso que le refleja Medusa, no es más que una sombra vacía. Heracles, en su catábasis, desciende a su propio infierno para vencer sus miedos y para reconocer sus imperfecciones y equilibrarlas, pues la única posibilidad real de evolución pasa por realizar un profundo trabajo personal.

Esta labor está relacionada con el signo de Capricornio, cuyo regente, Saturno, nos muestra las limitaciones que nuestra alma debe superar. Como es el dios del tiempo, Saturno o Crono nos enseña que, al trascender la muerte, se supera también la temporalidad y que la consecuencia final es la obtención de esa eternidad que tanto anhelaban los iniciados en los Misterios de Eleusis. Capricornio es, en definitiva, la posibilidad de trascendencia.

Trabajo 12:
Las manzanas de oro de las Hespérides

Tiene sentido que el último trabajo de Heracles sea conseguir las manzanas de oro de las Hespérides, frutas que proporcionan el conocimiento y la inmortalidad.

Hijas de Nix (*la Noche*), de Zeus y Temis, de Forcis y Zeto o de Atlas, según la versión, las Hespérides son las doncellas de Occidente, las ninfas del Ocaso o del Atardecer. La mayoría de tradiciones dicen que eran tres y que habitaban en el extremo Occidente (hay quien las sitúa en Tartesos, algunos en Libia y otros al pie del monte Atlas). Eran las encargadas, con la ayuda del dragón Ladón (que tenía cien cabezas, cada una de las cuales hablaba una lengua diferente), de vigilar el árbol del jardín de Hera –el Jardín de las Hespérides–, que daba manzanas de oro. Sus nombres eran Egle (*la resplandeciente*), Eritia (*la roja*) y Hesperaretusa (*la Aretusa de Poniente*).

Heracles recorrió diferentes territorios para averiguar cuál era el camino que llevaba al famoso jardín y, finalmente, le informaron de que el único que podía guiarle era Nereo, el anciano del mar. Sin embargo, cuando se encontró con él, este se resistió a darle la información, adoptando toda clase de apariencias, por lo que el héroe lo apresó y lo ató hasta que consiguió que le explicara cuál era el itinerario que debía seguir. Como en otras ocasiones, en el camino enfrentó todo tipo de peligros y superó múltiples pruebas, entre las que destaca la liberación de Prometeo,[*] quien le aconsejó que, cuando llegara al jardín, no cogiera él mismo las manzanas, sino que le pidiera a Atlas que lo hiciera por él. Atlas era el titán que sostenía la bóveda celeste sobre los hombros y Heracles utilizó una astuta treta para conseguir su ayuda: le ofreció aliviarlo de su carga durante un tiempo, a condición de que él le trajera las frutas que preci-

---

[*] Véase el capítulo VI.

saba. El titán aceptó pero, al llegar con las manzanas, sintiéndose liberado, le dijo que iba a llevárselas él mismo a Euristeo, mientras el héroe seguía sosteniendo el cielo en su lugar. Heracles, siempre sagaz, le respondió que le parecía bien, pero que le permitiera descargarse un momento para poder ponerse un almohadón en la cabeza. Engañado, el gigante atlante dejó las manzanas en el suelo y volvió a colocar el firmamento sobre sus hombros. Heracles recogió las frutas y se alejó. Cuando llegó a Micenas, se las entregó a Euristeo, quien, no sabiendo qué hacer con ellas, se las devolvió. El héroe se las ofreció a Atenea y esta las restituyó al Jardín de las Hespérides.

Como comentaba al principio de este relato, tiene sentido que el último trabajo de Heracles sea conseguir las manzanas de oro de las Hespérides que proporcionan el conocimiento y la inmortalidad. En muchas tradiciones, esta fruta simboliza la sabiduría y el motivo es que, al cortarla transversalmente, aparece en su interior una estrella de cinco puntas, formada por las cavidades de las semillas. El pentagrama –o estrella de cinco puntas– es la estrella del mago, símbolo del conocimiento supremo, de la unión de lo femenino y lo masculino (2 + 3), de la síntesis de fuerzas complementarias y de la realización. El pentagrama se entrega a quien ha alcanzado la sabiduría superior. Para Heracles, el recorrido es kilométrico, le cuesta mucho tiempo avanzar en el camino, pues, como se muestra en este relato, la senda que conduce a la sabiduría es larga y escarpada.

Como sostiene Francisco Ariza,[84] si en el segundo trabajo comentábamos que Heracles había puesto la primera piedra para la construcción de su templo interior, en este nuevo reto, al sostener la bóveda celeste, se nos está recordando que los seres humanos somos, además, los intermediarios o el nexo entre el Cielo y la Tierra, somos una columna del gran Templo.

Este trabajo está conectado con el signo de Géminis, que es el arquetipo del alumno, el que tiene preguntas y ve todas las posibilidades, el que tiene flexibilidad y contempla todas las opciones. Además, es un signo regido por Mercurio (Hermes), el dios comunicador por excelencia, que maneja la palabra. En esta última prueba, Hermes inspira a Heracles la sagacidad para tratar con Atlas y conseguir sus objetivos.

Los doce trabajos son, en realidad, doce desafíos que el alma debe superar en su camino hacia la sabiduría y la realización, hacia la inmortalidad, hacia el Olimpo. Sus tareas, señala nuevamente Ariza, «tienen un sentido iniciático, entendiendo la iniciación como la victoria de la luz del conocimiento sobre la oscuridad de la ignorancia (…) El héroe ha de ganarse la inmortalidad, se trata de una conquista, como lo es toda obra del Espíritu».[85] A través del recorrido por los doce signos, Heracles va venciendo a sus enemigos externos y acaba comprendiendo que, tal como se explica en el famoso libro hermético *Kybalión*,[*] según la «Ley de Correspondencia», todos los planos de existencia están conectados y hay una armonía entre el macrocosmos y el microcosmos, por lo que todo lo que está fuera está, en realidad, dentro. Heracles activa los doce signos zodiacales, los doce arquetipos del alma –arquetipos que se deben descubrir, conocer y trascender–, las doce energías a través de las que se desarrollan las doce cualidades necesarias

---

[*] El *Kybalión* es un libro publicado en 1908 que se basa en el texto hermético conocido como *La tabla esmeralda*, atribuida al mítico Hermes Trismegisto.

para desenvolverse en el plano material. El número doce, ya lo hemos comentado, nos conecta con el plan del alma.

> «Quien conoce a los otros posee inteligencia.
> Quien se conoce a sí mismo posee sabiduría.
> Quien vence a los otros tiene fuerza.
> Quien se vence a sí mismo tiene poder.
> Quien sabe conformarse es rico.
> Quien permanece en el centro
> y abraza la muerte con todo su corazón,
> perdura para siempre».
> (LAO TZU)[86]

Además, todos los símbolos estelares que hemos ido viendo en este recorrido de Heracles: el zodíaco, las tres estrellas de las Hespérides, la constelación de Draco (el dragón Ladón), la Vía Láctea que procede de Hera, remiten a un viaje celeste por las regiones que, para los griegos, correspondían a territorios del alma. Una vez más, podemos corroborar que se trata de un proceso anímico.

El final de la vida de Heracles –su apoteosis– viene de la mano de la princesa Deyanira, a la que conquistó, a pesar de que ella había sido prometida previamente al dios-río Aqueloo. El héroe combatió contra el dios en una encarnizada batalla y, tras vencerle, pudo contraer matrimonio con Deyanira. Vivían en Calidón, junto con Eneo, el padre de ella, cuando Heracles mató accidentalmente a un sirviente de su suegro llamado Éunomo, y se vieron obligados a emigrar. En el camino, el héroe tuvo que luchar contra el centauro Neso, que se había enamorado de Deyanira e intentó violarla. Heracles le lanzó una flecha envenenada y el centauro murió, pero antes de fallecer, engañó a la princesa, diciéndole que guardara su sangre porque le serviría como filtro de amor si alguna vez el héroe dejaba de amarla. Tiempo después, este tomó a la princesa Yole como concubina y Deyanira, en venganza, cuando él le pidió una túnica nueva para consagrar un altar a Zeus, impregnó la prenda con la sangre de Neso que era, en realidad, un veneno. Heracles fue atacado por la horrible pócima y, preso del dolor, trató de sacarse la túnica, descubriendo que la tenía pegada a su piel. Hizo, entonces, encender una pira y se lanzó a las llamas.

Al morir, fue transportado por Zeus hasta el Olimpo donde se reconcilió con Hera quien, tras una ceremonia de renacimiento, pasó a considerar a Heracles como su propio hijo, casándolo con la diosa Hebe, personificación de la juventud e hija también de Zeus y Hera.

En el siglo V a.C., Platón acuñó el término *anamnesis*, que significa *recuerdo* o *reminiscencia*. Para el filósofo, *saber* es, en realidad, *recordar*, ya que el alma conoce la verdad porque, antes de estar atrapada en un cuerpo, habitó en el mundo de las ideas. Podemos relacionar esta teoría con el mito que nos ocupa, pues Heracles, como hijo de Zeus, pertenece al Olimpo y, además, al haber sido amamantado por Hera, incluso estuvo ahí cuando era niño. Sin embargo, lo ha olvidado y, por ello, tendrá que realizar los doce trabajos –las doce pruebas– para poder desidentificarse de la materia, purificarse –a través del fuego– y, dejando atrás su cuerpo, ascender a la morada de los dioses.

«El alma, pues, siendo inmortal y habiendo nacido muchas veces,
y visto efectivamente todas las cosas, tanto las de aquí
como las del Hades, no hay nada que no haya aprendido;
de modo que no hay que asombrarse si es posible que recuerde
no sólo la virtud, sino el resto de las cosas, que, por cierto,
antes también conocía. Estando, pues, la naturaleza toda
emparentada consigo misma, y habiendo el alma aprendido todo,
nada impide que quien recuerde una sola cosa
—eso que los hombres llaman aprender—
encuentre él mismo todas las demás
si es valeroso e infatigable en la búsqueda.
Pues, en efecto, el buscar y el aprender no son otra cosa,
en suma, que una reminiscencia».

(PLATÓN)[87]

Para entrar en el Olimpo...

Debemos, en primer lugar, superar el miedo, las dudas y las tristezas que surgen en el periodo de oscuridad previo a nuestro primer paso. Liberándonos de todo ello, debemos después dejar atrás también a todas aquellas personas y cosas que sabemos que, por el motivo que sea, no pueden –o no deben– acompañarnos.

Debemos ponernos al servicio del plan del alma, rendirnos a la voluntad de los dioses, confiando en que el camino nos llevará hacia donde tenemos que ir y que los retos que afrontaremos serán para nuestro mayor bien.

Debemos, además, dominar el egoísmo, trascenderlo a través de la humildad, sustituirlo por altruismo.

Debemos, seguidamente, reconocer los diferentes yoes que nos conforman, los personajes que interpretamos, y darnos cuenta de que no es esa nuestra verdadera naturaleza. Debemos poner luz en la oscuridad interior.

Debemos también estar vigilantes, atentos a las tentaciones de los instintos básicos, a las bajas pasiones, a las distracciones que aparecerán durante el viaje y que tratarán de apartarnos de nuestro camino. Debemos saber que se presentarán bajo diferentes disfraces y máscaras, debemos reconocerlas, llamarlas por su nombre y dejarlas atrás, por atractivas y seductoras que nos parezcan.

Debemos liberarnos de *maya*, del espejismo de la materia. Debemos navegar a través de las emociones, eliminando los velos de la ilusión que nos impiden verlas como realmente son: reacciones psicológicas que responden a ciertos estímulos y a ciertas carencias pero que en modo alguno son nuestras, a pesar de que, a veces, nos atrapen.

Debemos detectar y superar también las creencias rígidas y las ideas cristalizadas, recordando que somos los pilares del Templo, los intermediarios entre el Cielo y la Tierra y, por ello, debemos limpiar nuestros canales para que la energía pueda circular con fluidez por el canal principal, conectando así, sin esfuerzo, lo de arriba con lo de abajo.

Debemos equilibrar las energías femenina y masculina para superar la dualidad y para poder situarnos en el punto medio, empleando una u otra energía cuando sea necesario. Así mismo, debemos reconciliar la naturaleza humana y la naturaleza divina, que son partes integrales de nuestra esencia. Y, entonces, una vez armonizados, colocarnos en el centro de la cruz que forman ambas energías y naturalezas, en el espacio sagrado del corazón y, desde allí, actuar con la confianza y la determinación de quien se sabe equilibrado.

Debemos descender a nuestro propio infierno para afrontar nuestra culpa, nuestro miedo, nuestra ira... y ver que no son más que sombras vacías a las que, a menudo, nos aferramos por pura vanidad, por necesidad de diferenciarnos, de sentirnos especiales.

Debemos, como Heracles, situarnos, en cada momento, en el lugar que corresponda, según la energía que se esté moviendo a nuestro alrededor. Para ello, debemos descubrir, conocer y trascender los doce arquetipos reflejados en el horóscopo, sin quedarnos atrapados en ellos, sabiendo que son doce cualidades necesarias para poder desenvolvernos en el plano material –y, a veces, hará falta utilizar una y, otras veces, será necesario emplear otra–, pero que de ningún modo rigen –o no deberían hacerlo– nuestro destino. No son estigmas, sino herramientas a nuestra disposición.

Debemos, finalmente, perseverar, seguir adelante, continuar. Aunque sea lento, cansado y complicado, no debemos abandonar el trabajo sobre nosotros mismos, pues el objetivo final es la sabiduría, la realización, el Olimpo.

XIV. Las Sirenas

«Jóvenes aladas, doncellas hijas de la tierra, Sirenas,
ojalá pudierais venir a acompañar mis lamentos
con la flauta libia de loto, con la siringa o con la lira,
respondiendo con lágrimas a mis deplorables desgracias,
con sufrimientos a mis sufrimientos, con cantos a mis cantos.
Que Perséfone se una a mis sollozos enviándome
vuestra fúnebre música y recibirá de mí a cambio,
allá en sus moradas nocturnas, el peán regado con lágrimas
que dedico a muertos y a difuntos».
(EURÍPIDES)[88]

Como todos los seres liminales, las Sirenas viven entre dos mundos pues son mitad mujer, mitad pájaro y, por este motivo, se mueven ágilmente entre los diferentes ámbitos, poniéndolos en relación y actuando como guías a través de los elementos.

Su filiación no está clara ya que algunos autores las hacen descender del dios-río Aqueloo y de Estérope, otros de este y la musa Melpómene o de la musa Terpsícore, del dios marino Forcis y, finalmente, según Homero, son sencillamente las hijas cantoras de Gea, la Tierra. El número de Sirenas también varía de dos a cinco según las fuentes, siendo bastante habitual el tres.* Y lo mismo sucede en relación con el origen de su condición teriomorfa, pues un relato cuenta que, originalmente, eran muchachas normales que acompañaban a Perséfone, pero que Deméter las había castigado, convirtiéndolas en seres híbridos, por no haber ayudado a su hija en el momento en que fue raptada por Hades, mientras que otra narración dice que ellas mismas pidieron las alas a los dioses para poder ir en busca de su compañera. También se explica que fue Afrodita quien las convirtió en Sirenas por despreciar los placeres del amor. Otro relato menciona que perdieron sus plumas por retar a las Musas a una competición de canto y perder frente a ellas, a pesar de su voz musical, absolutamente sugestiva e hipnótica. Y era precisamente esa armoniosa melodía de las Sirenas la que hacía que los marineros, que pasaban frente a sus costas, enloquecieran y se lanzaran al mar.

El final de las Sirenas suele estar relacionado con el viaje de los Argonautas, quienes, al atravesar su bahía con Orfeo cantando en la cubierta del Argo, no sintieron la tentación de tirarse al agua, excepto uno de ellos, Butes, que posteriormente sería salvado por Afrodita. Se dice que las Sirenas, frustradas por este fracaso, se arrojaron al piélago, donde perecieron. El cadáver de una de ellas, Parténope, fue arrastrado por las olas, llegando hasta la playa de Nápoles. Allí fue enterrada y, sobre su tumba, se fundaría después la ciudad.

---

* Para más información sobre el simbolismo del número tres, véase el capítulo V, dedicado a las Cárites.

Las Sirenas vivían en unas islas del Mediterráneo –en la costa del sur de Italia, frente a Sorrento o cerca del cabo Péloro de Sicilia– que algunos autores (basándose en las representaciones artísticas de ellas que aparecen en monumentos funerarios) han identificado con las islas de los Bienaventurados,* lo que las convertiría en las cantoras que en ellas se encontraban. Es muy probable que su origen estuviera ligado al mundo fúnebre y que representaran a los espíritus de los difuntos o que fueran las encargadas de conducir las almas al Hades, como seres liminales y habitantes de ambos mundos.**

El primer texto escrito –y el más interesante– en el que aparecen las Sirenas es la *Odisea*. En esta epopeya, se explica que las islas, por ellas habitadas, estaban llenas de huesos humanos, pues con sus cantos y su música atraían a los navegantes que atravesaban los arrecifes, llevándolos a estrellar las naves contra las rocas y devorando después a la infeliz tripulación. Odiseo tuvo que pasar por allí en su camino de regreso a Ítaca pero, previamente, la diosa Circe le había explicado cómo sortear el peligro, qué era lo que debía hacer para salir victorioso de tan complicado trance:

«Lo primero que encuentres en ruta será a las Sirenas,
que a los hombres hechizan venidos allá. Quien incauto

---

* Las islas de los Bienaventurados o las islas Afortunadas eran el lugar paradisíaco donde descansaban, tras la muerte, las almas de las personas virtuosas, disfrutando de una existencia feliz durante toda la eternidad.
** Este origen proviene, muy probablemente, del concepto del «Ba» de la mitología egipcia, la fuerza anímica o el alma de las personas fallecidas que hacía de mediadora entre la Tierra y el mundo de los dioses y que se representaba también con un pájaro con la cabeza del difunto.

se les llega y escucha su voz, nunca más de regreso
el país de sus padres verá ni a la esposa querida
ni a los tiernos hijuelos que en torno le alegren el alma.
Con su aguda canción las Sirenas lo atraen y le dejan
para siempre en sus prados; la playa está llena de huesos
y de cuerpos marchitos con piel agostada. Tú cruza
sin pararte y obtura con masa de cera melosa
el oído a los tuyos: no escuche ninguno aquel canto;
sólo tú lo podrás escuchar si así quieres, más antes
han de atarte de manos y pies en la nave ligera.
Que te fijen erguido con cuerdas al palo: en tal guisa
gozarás cuando dejen oír su canción las Sirenas.
Y si imploras por caso a los tuyos o mandas te suelten,
te atarán cada vez con más lazos. Al cabo tus hombres
lograrán rebasar con la nave la playa
en que viven esas magas».

(HOMERO)[89]

La maga explica a Odiseo –al héroe– que sólo él podrá oír el canto de las Sirenas, aunque deberá estar atado al mástil para no caer en la tentación de lanzarse al mar al escucharlas; los marineros, en cambio, deberán ponerse cera en las orejas para evitar oírlas. Ya hemos dejado claro que el canto de las Sirenas era atrayente y seductor, pero… ¿en qué consistía exactamente dicho canto?, ¿por qué subyugaba a todo el que pasaba por sus islas? Probablemente, nunca podremos estar seguros al cien por cien de lo que decían con sus armónicas voces. A menudo, la melodía de estas criaturas ha sido asociada con el erotismo, probablemente porque, en la Edad

Media, las mujeres-pájaro se vincularon con la lujuria, la seducción y los peligros del sexo, así como con el engaño y la inconstancia.

Sin embargo, para el escritor Édouard Brasey, «la tentación que ejercen las sirenas sobre los hombres no tiene que ver con la lujuria sino con el saber. Ellas aportan memoria y conocimiento, la inteligencia suprema, la gloria y la celebridad. En una palabra, les ofrecen la inmortalidad y les proponen convertirse en dioses».[90] Platón llegó, incluso, a comparar el canto de las sirenas con la manera de hablar de Sócrates[91] y las relacionó también con la música de las esferas de los pitagóricos.[92] Finalmente, para el gramático Heráclito, el que escuchaba a las Sirenas aprendía «las historias cargadas de experiencia de todos los siglos».[93]

Así pues, es posible que jamás lleguemos a descubrir cómo era ese canto, la melodía que atraía a los navegantes y les hacía lanzarse al mar donde se ahogarían y serían devorados por ellas. Pero lo que sí sabemos es que Odiseo es el único que puede atravesar invicto su morada. Sólo el héroe. ¿Por qué? Porque él ha sido previamente preparado, porque llega con el conocimiento necesario, con los recursos indispensables y con el entrenamiento fundamental para encarar la prueba. Y la supera. Y consigue salir victorioso. Pero ya nunca será el mismo. El héroe, seducido por el canto, se olvida de los deseos mundanos, del *vanitas vanitatis*, de su egoísmo y de su narcisismo. Y se entrega a esa inmortalidad –a ese camino hacia el Olimpo– que le prometen los cantos de las Sirenas. El paso por la isla de las Sirenas es, nuevamente, una iniciación.

> «Te lo confieso, ahora que no me oyes:
> cuando me hundo en ti me olvido del poder.
> De la hombría, del combate, de todo.
> ¿Sonríes? ¿Con qué estás soñando?
> ¿Acaso dormida oyes mi pensamiento?
> Como la sirena que eras.
> Pues gózalo en tu sueño, lo repito:
> me olvido de todo.
> Hasta de lo que soy me olvido en ti».
> (José Luis Sampedro)[94]

Odiseo es el único que está capacitado para realizar ese tránsito. Le acompañan en el viaje una serie de marineros –cuyo nombre desconocemos porque no están preparados para recibir dicha iniciación– que deberán taparse los oídos para no escuchar las palabras iniciáticas, pues todavía no es el momento, para ellos, de llevar a cabo ese ritual. Uno nunca debe entrar en un lugar o un ámbito para el que no está preparado, nunca debe escuchar lo que sus oídos no están listos para oír ni saber lo que no está destinado a conocer pues, si lo hace, corre el riesgo, en este caso, de morir despellejado por las Sirenas. Como señala la arqueóloga Paloma Cabrera, «el canto de las Sirenas es el aviso del falso juego de las apariencias, pues no contiene finalmente más perdición que el peligro de no escucharlas, de no aceptar el reto de lanzarnos a los abismos para obtener una nueva percepción de la realidad última y más definitiva».[95] Pero, para poder hacerlo, para poder iniciarse, para poder abandonar lo antiguo y abrazar lo nuevo, se requiere un aprendizaje previo, pues dicho ritual, como indica el profesor James Redfield, «conlleva una pérdida así como una ganancia, (…) la iniciación también implica la pérdida de la inocencia».[96] Es interesante recordar que, para poder pasar dicha prueba, Odiseo tendrá que ser atado firmemente al mástil, elemento que aquí representa el *axis mundi*, el pilar de Osiris, la columna del Templo; en definitiva, el eje que conecta lo que está arriba con lo que está abajo, el reino superior con el inferior, el Cielo con la Tierra.

Para entrar en el Olimpo...

Debemos, en primer lugar, lanzarnos a la aventura, sabiendo que cualquier peligro o situación compleja que se nos presente es, muy probablemente, una iniciación, una oportunidad para avanzar, una posibilidad de poner a prueba nuestro valor y nuestra capacidad de resolución.

Debemos, previamente, habernos preparado para enfrentar dichos desafíos, entendiendo que, cuando el reto se presenta ante nosotros, es porque estamos capacitados para superarlo y que es, en realidad, una bendición que nos hayamos encontrado con él a lo largo del camino.

Debemos, además, recordar que todo aquello que, como las Sirenas, puede pervertirnos, puede también –gracias a la naturaleza dual de todos los fenómenos materiales– ayudarnos a traspasar fronteras, a vencer límites, a superarnos a nosotros mismos y a convertirnos en personas nuevas, en personas diferentes, en personas iniciadas. Debemos, así, interpretar el peligro no como algo a temer sino como algo a agradecer.

Debemos, finalmente, reconocer la importancia de la conexión vertical, sabiendo que «como es arriba, es abajo» y que nosotros –los seres humanos– tenemos la posibilidad de actuar como intermediarios entre ambos mundos, si anteriormente hemos levantado nuestro pilar, si hemos purificado nuestro canal interno, si hemos estabilizado nuestras energías, colocándonos en ese centro neurálgico que es el *axis mundi*.

XV. Apolo y Dafne

«Dafne, por su parte, al ver que Apolo se disponía a asediarla,
se dio a la fuga con gran resolución.
Como la siguiera el dios,
rogó a Zeus que la apartara del género humano.
Y, según cuentan, se convirtió en el árbol
que, por ella, se llama dafne».
(PARTENIO DE NICEA)[97]

Apolo es uno de los dioses más queridos del Olimpo. Hijo de Zeus y Leto. Hermano gemelo de Artemisa. Dios de las artes, de las purificaciones, del Sol. Dios de la belleza, de la armonía, de la perfección. Dios de la inspiración profética y patrono de Delfos, el santuario oracular más famoso del mundo griego.

Dafne es una bella ninfa. Hija de la Tierra y del río Ladón —o del río Peneo, según la versión—. Su nombre significa *laurel* y, como veremos, en laurel se convertirá al final de este relato.

Varios autores explican la desafortunada historia de esta pareja, cuya relación nunca llegaría a materializarse. Pero, empecemos por el principio: cuenta, el poeta romano Ovidio, que

Dafne fue el primer amor de Apolo pero que, desde el inicio, fue un romance –unilateral– condenado al fracaso. Parece ser que el dios, ufano por su victoria sobre la serpiente Pitón, se había burlado de Eros, tratándolo de «muchacho» y cuestionando su uso del arco y las flechas, pues consideraba que esas armas debían pertenecer solamente a una divinidad de enorme grandeza y poder como él mismo. Eros, en venganza, corrió al Parnaso a buscar su carcaj y «sacó dos dardos de efectos opuestos: uno hace huir al amor, el otro lo provoca. El que lo provoca es de oro, con una punta aguzada que resplandece; el que lo hace huir es romo y lleva plomo al final de la caña».[98] Así, el «muchacho», dueño de las flechas de amor y desamor, hirió a Apolo con la de oro pero clavó a Dafne la de plomo. Nunca es una buena idea hacer enfadar al Amor... De esta manera, el dios se enamoró rápida e intensamente de la ninfa, mientras que ella no quería saber nada de amoríos y se escondía en los bosques, cazando y gozando de su libertad.

La descripción que hace Ovidio[99] del fervor enamorado de Apolo es bellísima: «el dios se transforma en una llama, así se consume su corazón y alimenta con esperanzas un amor estéril». El poeta explica cómo la mira, cómo observa sus cabellos mientras suspira, cómo alaba sus dedos, sus manos, su cuerpo entero y cómo –y esto es muy interesante– «si algo está oculto, lo imagina aún más hermoso». El dios la requiere, pero la ninfa huye. Él la pretende, pero ella lo rechaza. Apolo insiste, contándole todas sus virtudes, sus logros, su genealogía, pero nada conmueve a Dafne, que sólo desea mantenerse virgen. La vertiginosa persecución se hace cada vez más rápida e intensa «a este le da alas la esperanza, a aquella, el miedo». Y, sin embargo, el dios corre más deprisa, pues es impulsado «por las alas del Amor», según detalla Ovidio.

En el momento en que Apolo alcanza a Dafne, esta, desesperada, pide ayuda a su padre para que la transforme y que, así, el dios no pueda conseguir violentarla. «Apenas terminada la súplica, un intenso torpor se apodera de sus miembros, una tenue corteza rodea su blando pecho, los cabellos se le convierten en hojas, los brazos, en ramas; los pies, hace poco tan veloces, quedan clavados por inmóviles raíces, la copa ocupa el lugar del rostro; solamente allí permanece su brillo». Dafne se ha convertido en un árbol, su padre la ha metamorfoseado en un precioso laurel. Apolo queda desconsolado, pero decide que, a partir de ese momento, ese será su árbol preferido y llevará hojas del mismo, tanto en su cabello como en su cítara. Cuenta Robert Graves[100] que, además, Apolo se hizo cargo del laurel y sólo permitía que sus hojas fueran masticadas por la Pitonisa.*

En este mito hay algunos aspectos muy interesantes que comentar. En primer lugar, debemos hablar de las flechas de Eros: el dios del amor es un niño que tiene en sus manos el destino de la pareja. Es él quien decide el dardo que clavará a uno y a otra. Como sabemos, los griegos convirtieron a los planetas en dioses y se dieron cuenta de que la vida humana estaba influenciada por sus movimientos. Así, los hombres y las mujeres de los que nos habla la mitología eran víctimas de los deseos de

---

* Es interesante destacar que este autor recoge una versión del mito según la cual Dafne, cuyo epíteto era «la sanguinaria», era adorada por un colegio de ménades orgiásticas que masticaban laurel.

las divinidades –de las fuerzas de la naturaleza–. Los caprichos de los dioses son, en realidad, movimientos de los planetas.

> «Estos recientes eclipses en el Sol y la Luna
> no nos anuncian ningún bien.
> Aunque la sabiduría del instinto
> pueda razonarlo de una forma u otra,
> la naturaleza misma se encuentra azotada
> por los efectos que le siguen.
> El amor se enfría,
> la amistad se cesa,
> se enfrentan los hermanos.
> Motín en las ciudades;
> en los campos discordia;
> en los palacios traición;
> y el vínculo se rompe entre el hijo y el padre».
>
> (SHAKESPEARE)[101]

Eros clava a Apolo una flecha de oro. El oro, según la tradición antigua que recogen después el hermetismo y la alquimia, está relacionado con el Sol –siendo este dios, por añadidura, su representación–, un astro rápido, de cambios dinámicos y veloces. En cambio, a Dafne le clava una flecha de plomo. El plomo es el metal de Saturno, uno de los planetas cuyo movimiento es más lento, cuyos ciclos son más largos. Ella se transforma en un árbol, queda estática, inmóvil, que viene a ser un poco como los ritmos del planeta Saturno.

La astrología entiende que Saturno marca justamente esos cambios lentos, esas cosas que se estancan durante años, todo aquello que cuesta transformar. Mientras que el Sol representa lo contrario: una mayor agilidad, un movimiento más rápido. Así pues, la unión de Apolo y Dafne era imposible. El espíritu va muy deprisa, la materia, en cambio, va lenta.

Otra cuestión que vale la pena mencionar es el momento en que Apolo admira el cuerpo de Dafne. Aquí, Ovidio narra con detalle cómo y cuánto la venera pero, como hemos comentado más arriba, nos explica también que, «si algo está oculto, lo imagina aún más hermoso». Así pues, el enamorado no sólo se siente deslumbrado por su amada sino que, además, «imagina» –y a menudo se inventa– al objeto de su amor. Vemos aquí ya un precedente de lo que en el futuro será el tópico literario del «amor ciego», uno de los temas preferidos del Romanticismo. A principios del siglo XIX, el escritor francés Henri Beyle –Stendhal– escribió su libro *Del amor*, en el que proponía la «teoría de la cristalización», según la cual, el amor no es más que «una operación psíquica eminentemente subjetiva, en la que el enamorado proyecta sobre el ser amado una creciente suma de perfecciones deslumbrantes, que es en suma un concepto del amor de clara raíz romántica».[102] Tiempo después, analizando dicha teoría, el filósofo Ortega y Gasset dirá: «Nótese que, en resumen, esta teoría califica el amor de constitutiva ficción. No es que el amor yerre a veces, sino que es, por esencia, un error. Nos enamoramos cuando sobre otra persona nuestra imaginación proyecta inexistentes perfecciones. Un día la fantasmagoría se desvanece y, con ella, muere el amor. Esto es peor que declarar, según viejo uso, ciego al amor. Para Stendhal es menos que ciego: es visionario. No sólo no ve lo real, sino que lo suplanta».[103]

Sin embargo, de este tópico literario –el amor ciego– han bebido, durante siglos, tanto escritores como pintores, escultores –no puedo dejar de mencionar aquí al gran Gian Lorenzo Bernini y su famosa escultura *Apolo y Dafne*–,* músicos o directores de cine. Y nos han hecho imaginar. Y nos han hecho anhelar. Y nos han hecho soñar. ¿Quizás nos han hecho –también– errar el camino? ¿Quizás nos han desviado –también– de la senda que conduce hasta el Olimpo?

---

* Expuesta, actualmente, en la Galería Borghese de Roma.

Para entrar en el Olimpo...

Debemos ser conscientes de cuál es nuestro verdadero tamaño y recordar que vivimos en un universo inmenso y que, de la misma forma en que la fuerza gravitacional de la Luna provoca las mareas (moviendo también nuestras aguas), la posición de los astros, los movimientos de los planetas y los acontecimientos astronómicos influyen en nuestra vida.

Debemos, por lo tanto, volvernos humildes, reconociendo que algunas cosas están bajo nuestro control pero otras no. Y aprender a distinguirlas. Y actuar en consecuencia, sabiendo que el pequeño espacio de libertad que tenemos se encuentra, justamente, en cómo encajamos aquello que no podemos cambiar, en cómo actuamos frente a eso que no depende de nosotros.

Debemos, además, comprender y respetar los tempos. Una composición musical o un poema perderían toda su belleza si aceleráramos o ralentizáramos su ritmo. De igual forma, querer apresurar o demorar los acontecimientos no provoca más que sufrimiento. Debemos, pues, respetar –y, a ser posible, agradecer– el tiempo divino.

Debemos, finalmente, repensar el amor: quitarnos la venda de los ojos, dejar de soñar con películas románticas y con pasiones desbocadas que nos apartan del verdadero camino. Amar con los ojos abiertos. Para poder ver realmente lo que tenemos delante. Para poder preguntarnos si nos acerca o nos aleja del lugar adonde queremos ir –del Olimpo–. Para, una vez respondidas, con total sinceridad, todas estas preguntas, ser capaces tanto de cortar lazos cuando sea necesario como de tender puentes cuando sea indispensable.

XVI. Odiseo y Penélope

«Si alguien quiere examinar de cerca el viaje errante de Odiseo,
encontrará que se trata por completo de una alegoría.
Al presentar Homero, en efecto, al héroe
como un instrumento de todas las virtudes,
se sirve de este para enseñar filosóficamente la sabiduría,
puesto que Odiseo odia los vicios,
que hacen estragos en la vida de los hombres».
(HERÁCLITO)[104]

Se podría decir que Odiseo –también conocido como Ulises, su denominación latina– no necesita presentación. La *Odisea*, el poema épico que narra su largo periplo para regresar al hogar, en la isla de Ítaca, tras la funesta guerra que enfrentó a aqueos y troyanos durante diez años, es tan famoso que ha dado nombre a un «viaje largo, en el que abundan las aventuras adversas y favorables al viajero» o a una «sucesión de peripecias, por lo general desagradables, que le ocurren a alguien».[*] Un decenio

---
[*] Real Academia Española: *Diccionario de la lengua española*, 23.ª ed., [versión 23.7 en línea]. <https://dle.rae.es>[mayo 2024].

más duró dicha travesía en la que el héroe se vio confrontado con todo tipo de peligros y tuvo que superar innumerables desafíos.

Según la versión más extendida, Odiseo es hijo de Laertes y Anticlea, reyes de Ítaca, pero algunos autores lo hacen descendiente de Sísifo. En su juventud, fue discípulo del centauro Quirón y más tarde se casó con la bella Penélope, paradigma de la fidelidad conyugal e hija, a su vez, del rey Icario de Esparta y de la náyade Peribea. La pareja tuvo un hijo al que llamaron Telémaco.

Como sucede con la mayoría de los héroes griegos, las historias que narran sus aventuras son múltiples y variadas pero, en esta ocasión, nos vamos a centrar en las diferentes etapas de su viaje de regreso a Ítaca. Es interesante remarcar que, gracias, entre otros, al poeta Konstantino Kavafis, también esta isla se ha convertido en un símbolo que remite a la llegada a la meta, al regreso al hogar, a la recuperación de algo que creímos perdido.

«Si vas a emprender el viaje hacia Ítaca,
pide que tu camino sea largo,
rico en experiencias, en conocimiento.
A Lestrigones y a Cíclopes,
al airado Poseidón nunca temas,
no hallarás tales seres en tu ruta
si alto es tu pensamiento y limpia
la emoción de tu espíritu y tu cuerpo.
A Lestrigones ni a Cíclopes,
ni a fiero Poseidón hallarás nunca,
si no los llevas dentro de tu alma,
si no es tu alma quien ante ti los pone.

Pide que tu camino sea largo.
Que numerosas sean las mañanas de verano
en que con placer, felizmente,
arribes a bahías nunca vistas;
detente en los emporios de Fenicia
y adquiere hermosas mercancías,
madreperla y coral, y ámbar y ébano,
perfumes deliciosos y diversos,
cuanto puedas invierte
en voluptuosos y delicados perfumes;
visita muchas ciudades de Egipto
y con avidez aprende de sus sabios.
Ten siempre a Ítaca en la memoria.
Llegar allí es tu meta.
Mas no apresures el viaje.
Mejor que se extienda largos años;
y en tu vejez arribes a la isla
con cuanto hayas ganado en el camino,
sin esperar que Ítaca te enriquezca.
Ítaca te regaló un hermoso viaje.
Sin ella el camino no hubieras emprendido.
Mas ninguna otra cosa puede darte.
Aunque pobre la encuentres, no te engañará Ítaca.
Rico en saber y en vida, como has vuelto,
comprendes ya qué significan las Ítacas».
(KONSTANTINO KAVAFIS)[105]

Todo comenzó cuando el príncipe troyano Paris raptó a la bella Helena, esposa de Menelao, rey de Esparta, y este reunió un ejército de aqueos para ir a recuperarla. Así, los guerreros más valientes y poderosos de Grecia partieron hacia Troya, embarcándose en una guerra que duraría, como ya hemos comentado, un decenio. Entre los combatientes, se encontraba Odiseo, que destacaría en la cruzada, sobre todo, por su astucia y por las artimañas que ideaba; fue, concretamente, una de ellas la que acabó proporcionando la victoria a las tropas griegas: el famoso caballo de Troya.

Una vez terminada la guerra, los héroes se dispusieron a regresar a casa; en el caso de Odiseo, a la isla de Ítaca. Pero, durante el trayecto, el héroe se ganó la enemistad de Poseidón, el dios del mar, quien, como consecuencia de ello, le iría complicando el viaje haciendo que se prolongara durante otros diez largos años.

Previamente hemos hablado del famoso «viaje del héroe»;* ya sabemos que entraña una serie de pruebas que harán que dicho héroe alcance, podríamos decir, un estado superior de conciencia. Este será también el caso de Odiseo: todas sus aventuras le llevarán a volver al hogar, sí, pero siendo diferente, habiéndose renovado. El viaje del héroe ha inspirado a escritores y artistas de todos los tiempos, viéndolo, cada uno de ellos, desde su peculiar perspectiva. El escritor Hermann Hesse, en su maravilloso libro *Demian*, lo expone con gran belleza:

> «No existía ningún deber, ninguno, para un hombre consciente, excepto el de buscarse a sí mismo, afirmarse en su interior,

---

* Véanse los capítulos II y XI, dedicados a Teseo y a Psique.

tantear un camino hacia adelante sin preocuparse
de la meta a que pudiera conducir. (...)
La misión verdadera de cada uno era llegar a sí mismo.
Se podía llegar a poeta o a loco, a profeta o a criminal;
eso no era asunto de uno:
a fin de cuentas, carecía de toda importancia.
Lo que importaba era encontrar su propio destino,
no un destino cualquiera,
y vivirlo por completo.
Todo lo demás eran medianías, un intento de evasión,
de buscar refugio en el ideal de la masa;
era amoldarse; era miedo ante la propia individualidad».

(HERMANN HESSE)[106]

En el poema *Ítaca*, como hemos visto, Kavafis ya nos da pistas para conocer las características de dicho viaje: el camino será largo y estará lleno de experiencias, de aventuras, de aprendizaje. A la persona que en él se embarca, el trayecto le va mostrando, como si de un espejo se tratara, todo aquello que lleva dentro de su alma. Para, finalmente, regresar a casa rico en saberes y en vida, comprendiendo lo que significan las Ítacas –o los Olimpos–.

Se ha hablado mucho, sobre todo en los comentarios a la *Odisea*, del νόστος (*nóstos*), un concepto griego que significa *regreso, viaje de vuelta al hogar*. Se menciona a menudo el νόστος de Odiseo, su retorno a Ítaca, tras el viaje que le lleva a encontrar su esencia, a descubrirse a sí mismo, a reconocer su propia naturaleza. Me gustaría analizar este concepto, pues creo que vale la pena reflexionar sobre él. Cuando viajo, siempre me pregunto si existe realmente un retorno. La persona que vuelve –si el viaje ha sido verdaderamente un trayecto profundo y lleno de significado, no sólo un paseo para tomar fotografías– nunca es la misma que la que se fue, ya que justamente para eso es el viaje, para cambiarnos, para transmutarnos, para que podamos entregarnos al huracán que nos removerá de pies a cabeza, para que podamos ver y comprender, para que podamos aprender a amar, para que podamos, en definitiva, transformar nuestro corazón. Si no fuera para mudar la piel, ¿qué sentido tendría viajar, enfrentar peligros o vencer monstruos? ¿Qué sentido tendría querer arribar a Ítaca? Odiseo no regresa a casa si entendemos «casa» como el lugar donde vive con su familia, pero sí regresa al hogar, a esa morada donde está el corazón y que es el lugar al que todos estamos destinados. Y justamente allí está Penélope. Después comentaremos el importante papel que tiene ella para que el héroe pueda realmente completar el círculo y cruzar el umbral de su verdadero hogar.

Pero adentrémonos en el viaje y veamos algunos de sus episodios. Para empezar, si analizamos a los principales personajes en clave simbólica, podemos decir que Odiseo representa el movimiento –una energía de acción–, que se concreta en una búsqueda espiritual, en un deseo –inconsciente– de trascendencia; por otra parte, Penélope sería la quietud –que no la inmovilidad, sino la calma–, que se define por el decoro y la honorabilidad. En cuanto a los dioses, Poseidón, el gran enemigo del héroe, es quien pone de manifiesto su sombra personal, todos los aspectos oscuros y no trabajados de la psique del protagonista. Como dios del mar, Poseidón le pide que destape y se haga cargo de todas las emociones que ha escondido y enterrado en lo más profundo de su ser. En cambio, Atenea, su mayor apoyo, nos revela la sabiduría que le es propia –y que, a veces, es tan desconocida para él como su mismo inconsciente–. Por otro lado, los pretendientes de Penélope son la alegoría del deseo material que sólo piensa en saciar su avidez, sin tener en cuenta todo lo que arrasa en el proceso. Y, finalmente, los compañeros de Odiseo que, como explica, Emmanuel D'Hooghvorst, «son los buscadores extraviados: ninguno de ellos llegará al final del periplo, a la isla de Ítaca. (...) Con estos desdichados, Homero ha querido describir a los ignorantes».[107]

La primera parada de Odiseo y sus marineros tuvo lugar en las costas de Tracia, en el país de los cicones, donde atacaron por sorpresa la ciudad de Ismaro. Allí, mataron a los hombres y capturaron a sus mujeres pero, aunque el héroe instó a sus camaradas a marcharse con rapidez, estos se entretuvieron demasiado tiempo disfrutando del botín de guerra. Poco después, los cicones trajeron refuerzos y muchos de los marineros acabaron muriendo bajo las flechas enemigas.

Este capítulo nos habla de la necesidad de evitar la avidez y la avaricia. El héroe lo aprende a las malas, con el ejemplo del fallecimiento de sus hombres, eliminados por no apurarse tras la victoria. Así pues, vemos que, tras un éxito, no es recomendable quedarse complaciéndose en el triunfo, hay que seguir avanzando, hay que continuar adelante.

Desviados por el viento del norte y las corrientes, llegaron, después, a la tierra de los lotófagos –que la tradición ubica en las costas de la actual Libia–. En esta isla, el alimento eran las flores de loto, que tenían propiedades narcóticas y provocaban el sueño y la apatía. Los marineros, tras comer los lotos que les ofrecieron los nativos, se olvidaron de su hogar y de su familia, y no deseaban volver a embarcarse. Odiseo tuvo que obligarlos a hacerlo a la fuerza.

Aquí se habla claramente de la vagancia, de la indolencia y del peligro de la utilización de sustancias adictivas que te enajenan de la realidad, haciéndote sentir tan bien que olvidas tu propósito vital.

La siguiente etapa es uno de los fragmentos más conocidos de la *Odisea*: su llegada a la tierra de los cíclopes, que se ha identificado con el norte de Sicilia o con la zona de Nápoles, y su encuentro con Polifemo. Este, hijo de Poseidón y de la ninfa Toosa, era un gigante de fuerza prodigiosa, cuya característica principal consistía en que tenía un único ojo en la frente. Polifemo era pastor y vivía en una caverna, donde se alimentaba de carne cruda. Sucedió que Odiseo y doce de sus compañeros llegaron a la cueva del monstruo y este los atrapó dentro ella, empezando a devorarlos de inmediato. Rápidamente, al héroe se le ocurrió un plan para poder escapar: le dio a Polifemo un barril lleno de vino que hizo que el gigante se durmiera, y cuando, antes de caer rendido, este le preguntó cuál era su nombre, el sagaz Odiseo respondió que se llamaba ουτις (*utis*), que significa *Nadie*. Mientras Polifemo dormía, el héroe aprovechó para clavarle una estaca en el ojo y, así, poco después, pudieron salir de la cueva, agarrándose al vientre de unas ovejas, sin que el cíclope los viera. Este, enfadado, llamó a sus hermanos para que lo ayudaran a luchar contra sus enemigos, pero cuando le preguntaron quién le había atacado y él respondió «Nadie», lo tomaron por loco y se marcharon. Fue este episodio el que desató la ira de Poseidón, que se vengó del ataque a su hijo enviándole múltiples peligros durante la travesía.

El gigante Polifemo simboliza el ego, que es salvaje, egocéntrico, engreído, orgulloso y está focalizado solamente en lo suyo (sólo tiene un ojo). Para vencerlo, es preciso convertirnos en «nadie». Sólo siendo nadie, como nos muestra Odiseo, podemos llegar a neutralizar el ego y todo aquello que de él proviene.

En la siguiente aventura, los marineros arribaron a la tierra de Eolo, el dios de los vientos (en ocasiones identificada como la isla de Estrómboli, en las Eolias). Cuando Odiseo le pidió ayuda para regresar a Ítaca, la divinidad le entregó un odre de piel que contenía todos los vientos adversos, quedando fuera solamente una brisa propicia que habría de conducirle de vuelta a casa. Sin embargo, le advirtió que no debía abrir el saco bajo ninguna circunstancia. Así, durante nueve días y nueve noches, estuvo el héroe despierto, sosteniendo el odre para que nadie pudiera destaparlo pero, al décimo día, cuando ya estaban acercándose a la isla, no pudo evitar caer dormido. Los marineros, que habían estado espiándole todo el tiempo, preguntándose qué podía contener aquel zurrón, aprovecharon la ocasión para abrirlo, pensando que seguramente estaba lleno de oro, plata y otros tesoros que Odiseo quería guardarse para sí mismo. Inmediatamente, del odre salió un fortísimo huracán que provocó la más grande de las tempestades, impulsando a los barcos en dirección contraria. Las naves regresaron, entonces, a la isla de Eolo y el héroe volvió a pedirle ayuda, pero este se la negó, alegando que estaba claro que los dioses no querían que retornara a su tierra.

De nuevo vemos, en este episodio, como la ansiedad, la avaricia y la desconfianza pueden llegar a provocar tempestades que se convierten en obstáculos en el camino y retrasan nuestra llegada al Olimpo.

Navegando hacia el norte, la tropa recaló después en el país de los gigantes antropófagos conocidos como lestrigones (habitualmente identificado con la costa de Cerdeña). Como el puerto estaba rodeado de acantilados y sólo tenía una entrada, Odiseo decidió amarrar su barco un poco alejado, sospechando que podía llegar a convertirse en una emboscada, mientras que el resto de los capitanes entraron en la bahía y amaromaron las naves muy juntas entre sí. Acto seguido, envió a tres de sus hombres a hacer un reconocimiento de la zona. Estos se encontraron con la bella hija del rey, que los convenció para que la acompañaran al palacio de su padre, Antífates. Sin embargo, lo primero que hizo el gigante al verlos fue devorar a uno de ellos, lo que provocó que los otros dos salieran corriendo para advertir a la tripulación. El rey, a su vez, alertó a los otros lestrigones que empezaron a lanzar rocas contra los barcos, hundiéndolos y matando a sus tripulantes. Solamente la nave capitaneada por Odiseo consiguió escapar del violento lance.

Aquí se nos habla, por un lado, de la importancia de la prudencia que es, precisamente, la que hace que Odiseo no amarre su barco en el puerto y pueda escapar en medio del ataque de los lestrigones. Y, por otro lado, se nos recuerda lo engañoso de las apariencias: tras la bella y seductora hija del rey, se esconden unos seres crueles, sanguinarios y despiadados.

La siguiente hazaña tuvo lugar en la isla de Eea (en el monte Circeo, al sur del Lacio) y la protagonista fue la maga Circe. No nos detendremos en ella porque, dada su importancia, le hemos dedicado un capítulo completo,* pero tal vez vale la pena recordar que Circe nos muestra un espejo donde apercibir nuestra animalidad, la bestia que guarda nuestro inconsciente, para que la podamos ver, aceptar y, en última instancia, trascender.

Tras pasar un año con la maga, volvieron a hacerse a la mar, esta vez con un objetivo claro propuesto por ella: ir al Inframundo para consultar al alma del adivino Tiresias y preguntarle qué era lo que debían hacer para poder volver a Ítaca. Este episodio se conoce como la νέκυια (*nékyia* o *nécuia*) –la evocación de los muertos–. Como hemos visto en otros capítulos, la catábasis o descenso a los Infiernos es un paso fundamental en el viaje del héroe y viene acompañada por la anábasis o el retorno al mundo de los vivos. Una vez en el Hades, Odiseo invocó a las sombras de los difuntos y se le aparecieron algunos de los héroes de la guerra de Troya –Agamenón, Aquiles, Ayax, Patroclo–, así como su madre, Anticlea, todos ellos convertidos en espectros, lo que le provocó una enorme tristeza. Finalmente, Tiresias le predijo que, después de superar algunos peligros más, acabaría llegando a su patria, pero que lo haría solo y en un barco extranjero, que tendría que luchar contra los pretendientes de Penélope y que moriría a una edad avanzada.

La catábasis y la anábasis nos hablan de una muerte y una resurrección. El que puede viajar al mundo de los muertos y, después, volver indemne junto a los vivos, ya no es el mismo, algo ha tenido que dejar atrás. El héroe entra en las entrañas de la tierra, en el útero materno original –no es casualidad que se

---

* Véase el capítulo XII.

encuentre allí con su madre terrenal–, un espacio de oscuridad, de silencio, de vacío. El lugar en el que se despliegan todas las posibilidades, en el que dejar atrás lo que ya no sirve y renacer renovado, habiendo mirado, cara a cara, la propia oscuridad. Es un espacio de aprendizaje, de comprensión. Y es justamente allí donde Odiseo entiende cuál es su verdadero destino.

Después de estos acontecimientos, ya está preparado para el encuentro con las Sirenas (ubicadas, probablemente, en la isla de Capri o sus cercanías) del que hemos hablado en el capítulo XIV. No lo repetiremos aquí e iremos directamente al siguiente episodio: el paso entre Escila y Caribdis (en el estrecho de Mesina). Hija de Poseidón y Gea, Caribdis era un enorme monstruo que tragaba agua tres veces al día, engullendo todo lo que había en ella –podía llegar a ingerir un barco entero– y escupiéndolo después, creando un remolino. Circe le había recomendado que pasara por el lado opuesto del estrecho, donde habitaba Escila, otro horrible ser con torso de mujer, cola de pez y seis perros de dos patas en su cintura. Así lo hizo, y el monstruo consiguió atrapar a algunos de los navegantes pero, apremiados por Odiseo, los marineros siguieron remando tan rápido como pudieron y lograron atravesar el estrecho, salvando la nave y a la mayor parte de la tripulación.

En este caso, el héroe se enfrenta a un dilema: dejar las cosas al azar (Caribdis traga agua tres veces al día, podría ser que justo cuando pasaran ellos no lo hiciera) o seguir el consejo racional de Circe y tener algunas bajas pero salvar el barco. El azar se presenta aquí como un remolino que puede llegar a succionar y destrozar, ante el cual es mejor atender a los consejos de la razón.

Ya habían sido advertidos los marineros de que, cuando llegaran a la isla de Trinacria (Sicilia), no debían, bajo ningún concepto, sacrificar los rebaños de Helios que allí pacían. Odiseo había hecho jurar a su tripulación que no tocarían a ninguno de los bueyes del Sol y, sin embargo, estos, acuciados por el hambre, inmolaron a varios de ellos para comérselos. Indignado por esta afrenta, Helios fue a quejarse a Zeus y le pidió venganza; este, escuchando su súplica, levantó una tempestad tan grande que acabó con el barco y con todos los tripulantes. Sólo Odiseo, que no había participado de la matanza, pudo librarse de la muerte, agarrándose al mástil.

Este relato nos habla del respeto y de los límites. Los marineros conocen los requisitos de la isla, saben cuáles son las condiciones, han sido informados sobre la norma sagrada y, a pesar de todo, deciden no respetarla y comerse a los animales. El hambre los empuja, haciéndoles caer en la tentación. Sólo se salva Odiseo, y lo hace porque es el único capaz de controlar su ansiedad, su apetito. Porque es el único capaz de entender las consecuencias de traspasar los límites y el único que puede dominar sus impulsos para evitar dejarse llevar por el deseo vehemente.

Tras nueve días de ser llevado de aquí para allá por las olas, el héroe llegó, finalmente, a Ogigia, la maravillosa isla de Calipso (que algunos investigadores han identificado con la isla de Gozo, del archipiélago maltés, y otros con la península de Ceuta, en el Mediterráneo occidental). Hija de Atlante y Pléyone o de Helios y Perseis, la ninfa Calipso acogió a Odiseo y lo retuvo durante siete años (algunas versiones dicen que fue sólo un año y otras que fueron diez), proponiéndole que se quedara ya para siempre con ella y ofreciéndole, a cambio, la inmortalidad y la eterna juventud. Sin embargo, Odiseo deseaba volver a Ítaca y, a pesar de los preciosos jardines, de la arboleda sagrada y de los bellos manantiales de la cueva de Calipso, no se dejó seducir e insistió en marcharse. A la ninfa le costaba dejarlo ir y, finalmente, tuvo que intervenir Zeus, inducido por Atenea, quien envió al mensajero Hermes para que diera a Calipso la orden de liberarlo. El héroe construyó un nuevo barco con la madera que le proporcionó la ninfa e inició la ruta, siguiendo sus indicaciones acerca de los astros que debían guiar su travesía.

En el relato sobre Teseo y el Minotauro ya hemos avanzado la importancia del número siete, veamos algo más aquí: el siete es una cifra mágica que establece un puente entre el Cielo (tres) y la Tierra (cuatro). Es un número que nos habla del ciclo fundamental en el que se despliega la vida en armonía, de la ley que marca el ritmo del espacio y el tiempo. Así pues, no es casualidad que Calipso retenga a Odiseo durante siete años. Según la Teoría de los Septenios,* propuesta por el filósofo –y creador de la Antroposofía– Rudolf Steiner, el desarrollo del ser humano se realiza en fases de siete años; ese sería, según él, el tiempo necesario para completar un ciclo de aprendizaje o maduración. Cada siete años, se culmina una etapa y se inicia la siguiente.

En este capítulo, vemos que Odiseo llega a un territorio que parece el paraíso, aunque realmente no lo es, pues está retenido

---

* La «Teoría de los Septenios» es un concepto que, aunque establecido por Rudolf Steiner a principios del siglo XX, se encuentra ya en la filosofía griega y en el pensamiento judío.

–al principio no, pero al final sí– en contra de su voluntad. Es un lugar de gran belleza material y de inmenso placer para los sentidos, pero que acaba evidenciándose como un espejismo, como un nuevo freno en el camino. Aquí, nos damos cuenta de que todo ese esplendor y esa comodidad no sólo retrasan el viaje sino que, además, conllevan el gran riesgo de convertirse en un espacio de indolencia y apatía del que nos dé pereza salir o en el que se nos olvide el propósito de nuestra travesía. En este caso, el héroe debe hacer el esfuerzo mental de romper todas esas ataduras que le anclan al lugar que –interiormente lo sabe– no es, para poder llegar al lugar que sí es.

La historia de Ino Leucótea es triste y bella a la vez. Bautizada como Ino e hija de Cadmo y Harmonía, se casó con el rey beocio Atamante, con quien tuvo dos hijos. Al morir su hermana Sémele, acogió a Dioniso, hijo de esta, para criarlo junto a los suyos, pero la diosa Hera, enfurecida por que recogieran al hijo bastardo de su marido Zeus, hizo enloquecer al matrimonio, que acabó matando a sus propios vástagos. Ino se arrojó al mar, presa de dolor, y las divinidades marinas, apiadándose de ella, la transformaron en nereida, bautizándola como Leucótea, es decir, Diosa Blanca. Se convirtió entonces en la protectora de los marineros.

Odiseo se encontró con ella cuando, saliendo de Ogigia rumbo a Ítaca, Poseidón volvió a crear una tempestad que destrozó su nave una vez más y él quedó como un náufrago, flotando en medio del mar sobre una balsa. La nereida se compadeció de él y, saliendo de las aguas, le dijo que se despojara de sus ropas y que tomara el velo inmortal que ella le tendía, que le libraría de sufrimientos y de la muerte hasta que alcanzara la costa.

Después, le aconsejó que fuera a nado hasta la tierra feacia y allí devolviera el velo al mar.

Como explica la profesora Carmen Estrada, «la aparición de Ino Leucótea en la *Odisea* es muy breve pero significativa porque libra al héroe de una muerte segura entre las olas. Su salvamento contiene, además, dos elementos simbólicos importantes. Por una parte, hace que se desprenda de la ropa que le había dado Calipso, que es el último resto que conserva de su época aventurera y que actúa como lastre que le impide flotar. Por otro lado, le entrega como instrumento de salvación un velo, prenda inequívocamente femenina, del que Odiseo al principio desconfía, pero que cuando decide utilizarlo, lo conduce a la orilla».[108] El héroe debe ir despojándose de capas en el camino, las ropas de Calipso son pesadas, el velo de Leucótea es ligero, es femenino. Ella es la diosa blanca, siendo este color, como sabemos, símbolo de pureza. Vemos también que Odiseo, al principio, desconfía —no está en contacto con su energía femenina—, pero, finalmente, se deja llevar por ella y eso le conducirá a la última etapa de su viaje. Es interesante destacar, además, que Ino Leucótea es una diosa del mar —el agua, ya lo hemos comentado, está relacionada con las emociones— y que, al entregarle dicho velo de pureza, le está ofreciendo las bridas de los veloces caballos marinos de Poseidón, es decir, las riendas que le permitirán, a partir de ahora, ser capaz de gestionar sus propias emociones.

El filósofo Ignacio Gómez de Liaño pone este episodio en relación con el gnosticismo pitagórico: «Al estudiar el ideario gnóstico hemos visto que el ascenso del alma tras la muerte por los cielos planetarios equivalía a desnudarse de los revestimientos psíquico-animales que se le habían adherido al descender a la tierra para encarnarse en un cuerpo material. Esta operación de desvestimiento iba acompañada de otra en sentido contrario, mediante la cual el alma se investía con el luminoso velo de la inmortalidad».[109]

La última etapa de su periplo tuvo lugar en el extraordinario reino de Esqueria, país de los feacios (identificado, tal vez, con la isla de Corfú). Odiseo llegó agotado hasta la orilla de un río y se durmió entre los matorrales; fue despertado más tarde por las risas y los gritos de unas muchachas que jugaban a la pelota: la princesa Nausícaa y sus sirvientas, que habían ido a lavar la ropa. Odiseo se presentó ante ellas y la chica le indicó cómo llegar al palacio de sus padres, los reyes Alcínoo y Arete, quienes –según le dijo– le recibirían con gran cordialidad, mostrando la tradicional hospitalidad griega.

En realidad, la *Odisea* no es otra cosa que el relato que explica el héroe, a los reyes de Esqueria, sobre sus aventuras en el camino de regreso a Ítaca. Y serán justamente los feacios los que le ayudarán a volver a su patria, pues pondrán una nave a su disposición, entregándole, además, múltiples tesoros.

La hospitalidad, la compasión y la empatía son algunas de las más importantes lecciones que nos muestran los feacios, pero este pasaje tiene, además, una parte alegórica muy importante, pues, según explica Homero, durante ese último trayecto hasta Ítaca, Odiseo se quedó dormido y, al llegar a la isla, los marineros feacios lo depositaron en un lugar apartado, con los tesoros que le había dado Alcínoo. Como bien señala nuevamente Gómez de Liaño: «Se tiene la impresión de que el hombre depositado junto a la gruta de la playa de Ítaca es, más bien, un cadáver, y que el alma está en el trance de quitarse las carnales vestiduras de que se revistió al ingresar en el cosmos. Dada la ecuación cuerpo-tumba-cosmos, el tono fúnebre del pasaje sugiere que asistimos al momento en que el hombre se libra, al fin, de las cadenas materiales que le ataban al cuerpo y, saliendo del imperio de Poseidón, está en trance de renacer».[110] Este pasaje representa, pues, la muerte espiritual, el momento clave de la defunción del ego –del personaje, de la identidad personal, del ser gobernado por sus emociones–, para que se pueda dar el renacer que implica un estado trascendental de conciencia. Los tesoros con los que dejan a Odiseo serían, entonces, un símbolo de su profunda transformación.

La escena final de la *Odisea* se desarrolla ya en la isla de Ítaca, donde el héroe, que ha sido metamorfoseado en un anciano mendigo por la diosa Atenea, es reconocido solamente por su perro Argo. El paso siguiente es deshacerse de los pretendientes que han estado asediando a su esposa Penélope durante todo el tiempo que duró su ausencia. Ella, que ha soñado el regreso del marido, no se da cuenta de que está frente a él y, cansada de aplazar la decisión que le reclaman imperiosamente, resuelve organizar un concurso de tiro al arco con las armas de Odiseo para entregarse en matrimonio a aquel que resulte vencedor. El objetivo es que la flecha atraviese, sin tocarlos, los anillos formados por varias hojas de hacha que se disponen en hilera. Evidentemente, el único que conseguirá tensar el arco y atravesar los aros, ganando así la competición, será Odiseo que, después, ayudado por su hijo Telémaco, aniquilará a los pretendientes y a aquellas sirvientas que los habían ayudado, eliminando, así, de su «casa» el deseo material que estos simbolizaban.

No quiero cerrar el capítulo sin dedicar unas líneas a Penélope y darle la importancia que se merece.* Se ha hablado mucho de ella como el paradigma de lo que, para los griegos, tenía que ser la perfecta mujer casada: fiel, paciente, casta, ahorradora, trabajadora (dentro del hogar, por supuesto), inteligente, prudente... Cuando Odiseo partió a la guerra, ella se quedó en casa, dedicada a «sus labores», principalmente tejer y ocuparse del hogar. Sin embargo, dada la tardanza en el regreso de su marido, a la mansión empezaron a llegar diferentes hombres –los pretendientes–, que se instalaron allí y disipaban su hacienda, organizando banquetes mientras esperaban que ella respondiera a la petición de matrimonio que le proponían, eligiendo a uno de ellos como esposo. La mujer, ejemplo de castidad, les dijo que escogería a su futuro cónyuge cuando terminara de tejer un sudario para su suegro, Laertes. La inteligente argucia de Penélope consistía en deshacer cada noche lo que había tejido durante el día para que, así, la tarea se prolongara indefinidamente. Sin embargo, al cabo de un tiempo fue descubierta por una de sus sirvientas, que la delató a los pretendientes, viéndose obligada a terminar el trabajo (algo que hizo justo en el momento en que regresó Odiseo) y a elegir consorte.

Se ha dicho que ella es realmente la razón del *νόστος* (*nóstos*), el anhelo que mueve al héroe a regresar al hogar. En mi opinión, la razón no es tanto ella como la unión con ella, rea-

---

* No voy a entrar en lo que, dentro de la psicología, se conoce como el «Complejo de Penélope», de la misma forma que tampoco he tocado el «Síndrome de Ulises», solamente mencionar brevemente que el primero define a la persona enamorada de una fantasía y el segundo está relacionado con el malestar emocional del emigrante.

lizándose así, en dicha unión, la fusión de las dos energías. Trataré de explicarme: Odiseo (olvidémonos, por un momento, de que es un hombre) representaría, en este contexto, la energía masculina y Penélope (omitamos que es una mujer), la femenina.* Como hemos comentado más arriba, él simboliza el movimiento, la acción, mientras que ella es la quietud y la calma. Así, son dos corrientes polarizadas que, tras el proceso que debe llevar a cabo cada una de ellas, consiguen realmente armonizarse y encontrarse –uniéndose en un vínculo sincero, sólido y profundo– cuando, transformadas, mejoradas y renovadas, se reencuentran.** Desde el punto de vista alegórico, ella no es la mujer paciente que le espera, sino su propia energía femenina con la que se fusionará para alcanzar la tan anhelada y verdadera Unidad. Permitidme, aquí, insistir: bajo esta perspectiva, no se trata de un hombre que se reencuentra con una mujer, sino de dos fuerzas o dos polaridades que, al estar finalmente equilibradas, pueden fundirse en Una. Y sólo cuando dichas energías se fusionan se está, realmente, en el hogar. El viaje de Odiseo es hacia fuera, es exterior, porque es acción, porque es energía masculina, pero regresa al hogar porque es ahí donde se encuentra Penélope, que representa la esencia íntima, la naturaleza profunda, la energía femenina.

---

* Como se ha mencionado en la nota de la página 117, es de vital importancia que quede claro aquí que, cuando hablamos de energía masculina y femenina, no nos estamos refiriendo a los pares antagónicos hombre-mujer, sino a las energías que componen todo lo creado y que, fusionadas, forman la Unidad: una energía activa y lógica, otra energía pasiva e intuitiva, el yang y el yin del taoísmo. Lamentablemente, estos dos conceptos han sido confundidos a menudo, dando lugar a malas interpretaciones y tergiversaciones que me gustaría tratar de evitar con esta nota.
** Algo similar hemos visto en el mito de Psique y Eros.

Ella mantiene el fuego de ese hogar y teje con los hilos de la memoria, para no olvidar, para no abandonar, para no descuidar. Odiseo, a su vez, viaja, enfrenta desafíos y sólo puede regresar cuando ha recorrido el círculo completo y, vistiendo el tul de Leucótea, ha entendido el mensaje de Poseidón, ha navegado por su inconsciente y ha sacado todas sus emociones afuera para poder verlas y gestionarlas, cuando ha descubierto, comprendido y equilibrado ambas energías. Recordemos que el velo de Ino Leucótea le pone en contacto con su energía femenina, le hace reconocer a su Penélope interior, le hace entender quién es verdaderamente ella; pues, en realidad, no son dos, sino Uno.

El profesor Benjamín Toro afirma que: «La verdadera tarea del protagonista homérico es aprender las lecciones de sus acciones y errores, volcándolas a su aprendizaje interior. Así, al comienzo de su travesía, Odiseo es retratado como un bruto irrespetuoso ante otros pueblos y dioses, lo cual motiva su castigo que le impide volver a su hogar y sufrir una serie de desventuras en sus viajes. Solamente cuando Odiseo advierte su mal actuar y recapacita su accionar hacia los hombres y los dioses, logra expiar su pasado y aprender dicha lección para su propio bien. Cuando ello ocurre, Odiseo está capacitado para volver a su hogar».[111] Solamente cuando reconoce en él mismo las dos fuerzas polarizadas y es capaz de gestionarlas en equilibrio y es capaz de comprender y es capaz de cerrar el ciclo, puede realmente llegar a la patria, puede verdaderamente alcanzar el Olimpo.

«Dichoso quien hizo el viaje de Odiseo.
Dichoso si al marchar sintió firme la coraza de un amor
extendida por su cuerpo, como las venas
donde bulle la sangre.
De un amor con cadencia sin fin, invencible
como la música y eterno
porque nació cuando nacimos y cuando nos muramos,
si es que muere, ni nosotros ni nadie lo sabe».
(YORGOS SEFERIS)[112]

Para entrar en el Olimpo...

Debemos, como dijo el poeta, emprender el viaje, deseando que el camino sea largo, rico en experiencias y en conocimiento. Sin temer a los monstruos que aparezcan en la travesía, recordando que será nuestra alma la que los pondrá frente a nosotros para que podamos reconocerlos como propios y consigamos, después, integrarlos.

Debemos entender que es responsabilidad de cada uno de nosotros elegir nuestro destino personal y vivirlo completamente, sin superficialidades ni evasiones, sin que nos pese tampoco la individualidad propia.

Debemos mantener la humildad, tanto frente al éxito como frente al fracaso. Ni complacernos en uno ni entristecernos por el otro, sabiendo que ambas valoraciones son ficticias e irreales, pues no hay ganancia ni hay pérdida sino simplemente un caminar. «Si puedes encontrarte con el Triunfo y la Derrota, y tratar a esos dos impostores de la misma manera», que decía Rudyard Kipling.[113]

Debemos luchar contra la pereza, la apatía, la ansiedad, la avaricia y la desconfianza, que no son más que trabas en nuestro recorrido. Y debemos evitar, en la medida de lo posible, quedarnos atascados en paraísos ficticios que, aunque nos gratifican y nos halagan, nos retrasan en el verdadero viaje.

Debemos ser prudentes y ver tras las apariencias, no dejándonos engañar por ellas ni arrastrar por los deseos materiales que, a menudo, entrañan. Debemos neutralizar el ego y combatir la avidez que agota nuestros recursos (los materiales y los espirituales).

Debemos razonar nuestros pasos, escuchar nuestra sabiduría interna –la diosa que nos guía– y no dejar las decisiones en manos del azar. Debemos tomar con determinación las riendas de nuestra vida.

Debemos ser capaces de poner nuestros límites, pero también de admitir y respetar los ajenos. No dejarnos llevar por el ímpetu y la furia. Debemos, además, cuando sea inevitable, luchar contra los enemigos (sabiendo que los externos son siempre un reflejo de los internos) y dejarnos ayudar por los amigos.

Debemos entender el mensaje de Poseidón, que nos invita a descubrir todas esas emociones que, por miedo, por culpa o por creencias, hemos desterrado a nuestro inconsciente más profundo. Y sacarlas a la luz para poder vivirlas. Y comprender la necesidad que se encuentra tras ellas. Y hacernos cargo. Y resolverla. Siendo capaces, así, de responsabilizarnos de la gestión emocional propia.

Debemos reconocer nuestra naturaleza dual, compuesta por una energía activa y lógica y por otra pasiva y creativa. Debemos equilibrarlas, recordar que ambas están a nuestra disposición y aprender a utilizar cada una de ellas cuando sea necesario.

Debemos admitir que el objetivo del viaje es voltearnos, transformarnos, hacernos capaces de entregarnos al huracán que nos removerá de arriba abajo, que nos modificará externa e internamente. Debemos aceptar que la vida es cambio y movimiento, y que no moverse o no cambiar es igual a no vivir, a estar muerto en vida. Debemos atrevernos a caminar, debemos estar abiertos, debemos permitir –y agradecer– la transformación.

Debemos, finalmente, comprender que el héroe es el que afronta las pruebas que se le ponen en el camino y que, ante ellas, puede elegir caer en la queja, la tristeza o la apatía, convirtiéndose en víctima, o, en su lugar, encararlas con valentía, decisión y arrojo, sabiendo que dichas pruebas –y la forma en que las gestione– son justamente la llave que le abrirá las puertas del Olimpo.

XVII. Dánae

«(…) según otros, Zeus, transformado en lluvia de oro,
se unió a ella, cayendo hasta el seno de Dánae a través del techo.
Cuando más tarde Acrisio supo que había dado a luz a Perseo,
no creyendo que hubiera sido poseída por Zeus,
puso a su hija y al niño en un arca y la arrojó al mar;
al arribar el arca a Sérifos, Dictis recogió y crio al niño».

(APOLODORO)[114]

Si algo me resulta fascinante de los mitos es que, como ya hemos mencionado en otras ocasiones, tienen múltiples lecturas, se pueden entender desde diferentes perspectivas. Igual que una cebolla a la que se le van quitando capas para llegar al núcleo, también las historias mitológicas pueden ser estudiadas y analizadas hasta alcanzar su esencia más profunda. Además, a menudo, las explicaciones sobre algunas de ellas han ido variando a lo largo de los siglos, dependiendo de las ideas imperantes en cada momento y lugar. Un ejemplo es el relato cuya protagonista es Dánae.

Dánae era la única hija de Acrisio y Eurídice, reyes de Argos. Su padre, deseando tener un heredero, había ido a consultar el oráculo de Delfos, pero allí se le vaticinó no sólo que no tendría hijos varones sino que, además, su nieto lo mataría. Con el fin de evitar que Dánae concibiera y se cumpliera la nefasta profecía, Acrisio ordenó construir una cámara subterránea de bronce y encerró en ella a la princesa para que no volviera a ver la luz del sol y no tuviera ocasión de relacionarse con hombre alguno. Sin embargo, como ya sabemos, los augurios de la Pitia de Delfos solían hacerse realidad y los dioses, aunque a veces de formas verdaderamente enrevesadas, daban siempre cumplimiento al destino de los seres humanos.

Y sucedió que Zeus se había enamorado de la princesa argiva y deseaba yacer con ella, por lo que, transformado en lluvia de oro, se introdujo por una rendija del techo de la cámara en la que estaba encerrada y se unió a Dánae, naciendo de este encuentro el famoso héroe Perseo.[*]

Dánae, recluida en su prisión, pudo dar a luz a su hijo en secreto, ayudada por su nodriza y, durante varios meses, nadie descubrió el nacimiento del niño. Sin embargo, un día que estaba jugando, el pequeño dio un grito que llegó a oídos de Acrisio. Este, no creyendo que su hija hubiera sido seducida por Zeus arrojó a Dánae y a Perseo al mar, metidos dentro de un arca de madera. Madre e hijo fueron flotando hasta llegar a la isla de Sérifos, donde serían acogidos por un pescador llamado Dictis, hermano de Polidectes, el tirano que allí gobernaba.

Pasado un tiempo, el rey Polidectes se enamoró de Dánae y, con el objetivo de quitarse de en medio a Perseo, lo envió a

---

[*] Algunas versiones del mito afirman que el padre era, en realidad, Preto, hermano de Acrisio, pero el relato más extendido es el que atribuye la paternidad del héroe a Zeus.

buscar la cabeza de la gorgona Medusa. Para resumir la historia e ir directamente a lo que aquí nos ocupa, contaremos que, a su regreso, el héroe encontró a su madre como suplicante frente a un altar, intentando escapar del tirano. Su hijo transformó al rey en piedra, utilizando la cabeza de Medusa, y puso a Dictis en el trono de la isla. Finalmente, Dánae y Perseo regresaron a Argos.

En esta historia hay algunos elementos que vale la pena analizar y que han sido objeto de numerosos debates y argumentaciones. El primero y más controvertido de ellos es, evidentemente, la transmutación de Zeus en lluvia de oro. Dejaremos de lado el hecho de que este concepto es considerado, hoy en día, como una parafilia sexual, pues creo que no tiene demasiado interés a la hora de profundizar en el tema que el mito propone. Dicho esto, vale la pena señalar también que, habitualmente, la hermenéutica de este mito ha ido por dos caminos: por un lado, una interpretación más racionalista, según la cual Dánae habría vendido sus favores sexuales a Zeus a cambio de unas monedas de oro. En este caso, se podría pensar que el valor monetario de la lluvia de oro presentaría a Dánae como una prostituta a la que el dios habría pagado por sus favores.

Pero existe una segunda exégesis, más alegórica y mucho más interesante, que relaciona la fábula con el proceso alquímico. Como afirma el profesor Raimon Arola, experto en simbolismo: «La lluvia de oro es el primer estado del oro, que al unirse con Dánae se convertirá en el oro físico. (...) La leyenda de Dánae narra en primer lugar el origen espiritual y volátil del oro que es recibido en el seno de una materia virginal, en donde este oro madurará y llegará a la perfección, que es el hijo del Cielo y la Tierra».[115]

La lluvia es una precipitación del cielo que cae sobre la tierra, constituyendo el agente fertilizador que permite que, en ella, se engendre y fructifique toda la vegetación. Tradicionalmente, es el símbolo de la influencia celeste sobre la tierra.

Así mismo, el oro es considerado el metal más precioso, y aunque, como ya hemos mencionado más arriba, puede representar el dinero y el poder, también tiene un valor espiritual y solar. En este sentido, se ha utilizado a menudo como alegoría de la sabiduría profunda, de la luz divina. No en vano la aureola de los santos es representada como un círculo de luz dorada.

Y es este, en mi opinión, el sentido más profundo del mito de Dánae. De hecho, durante la Edad Media se llegó a proponer que existía un cierto paralelismo entre la lluvia de oro recibida por Dánae y la venida del Espíritu Santo en la Virgen María.

Vemos, entonces, en este mito que, para que pueda nacer el héroe –en este caso Perseo–, es necesaria la unión del Cielo y la Tierra. Así, la virginal Dánae está prisionera en una cámara subterránea* y es penetrada por Zeus convertido en lluvia de oro, lo que no es otra cosa que un despertar espiritual. De la misma manera, la lluvia y los rayos del sol entran en la tierra, vivificándola y haciendo que pueda dar fruto. El principio femenino y receptor –la tierra– recibe lo masculi-

---

* Es interesante recordar aquí que muchas de las iniciaciones que se realizaban en la Antigüedad tenían lugar bajo tierra, simbolizando la muerte iniciática o, lo que es lo mismo, la muerte del ego.

no y activo –la lluvia y el sol– para que se dé la vida. En un sentido más profundo, la naturaleza virgen debe recibir la luz del Espíritu para que nazca el héroe. Y es importante hacer hincapié en el carácter inmaculado de la materia receptora para que el proceso pueda llegar a darse. Tal como nos recuerda Michael Maier:

> «Caiga así el oro en tan gran cantidad
> como lluvia de agua, en vaso adecuado».
> (Michael Maier: Emblema XXIII)[116]

Por último, otro elemento que vale la pena comentar es el hecho de que Acrisio introduzca a Dánae y Perseo en un cofre de madera y los lance al mar. El agua, en muchas tradiciones, está relacionada con la purificación, con la renovación y el renacimiento. El agua es emoción y guarda la memoria de la tierra, por lo tanto, contiene la información de la creación. Por ese motivo, es necesario entrar en ella, es necesario permitir que nos atraviese –que corra el agua– para poder actualizarnos, para poner al día nuestro conocimiento, para, en definitiva, transformarnos. Madre e hijo deberán dejar atrás su origen, su ciudad, su familia; deberán atravesar el mar –las aguas– hasta llegar a una isla. Como indican Chevalier y Gheerbrant,[117] dicha isla es, en este caso, el símbolo del centro espiritual primordial –sólo los puros de corazón pueden alcanzarla–. Una vez allí, se les presentan nuevos retos, tienen que enfrentar otros desafíos y serán capaces de encararlos gracias, justamente, a este proceso previo que han realizado.

> «(...) En multitud de ocasiones, son las circunstancias excepcionalmente adversas o difíciles las que otorgan al hombre la oportunidad de crecer espiritualmente más allá de sí mismo. (...) Evidentemente, tan solo unos pocos lograron alcanzar esas cimas elevadas de desarrollo espiritual. Pero a esos pocos se les ofreció la oportunidad de conquistar la grandeza humana (...)».
>
> (VIKTOR FRANKL)[118]

Al final, Dánae volverá a Argos pero, la que regresa, evidentemente, no es la misma que la que se fue. Todo viaje –y el paradigma más claro es el de Odiseo– es un proceso de evolución.

Como hemos ido viendo a lo largo de los diferentes capítulos de este libro, la mayoría de los personajes de los que nos hablan los mitos están, en realidad, recorriendo un camino, siguiendo un trayecto en el que son sometidos a pruebas, tienen que superar retos, a menudo difíciles y dolorosos, enfrentar amenazas, vencer desafíos y atravesar todo tipo de circunstancias que, a la larga, acabarán provocando una transformación. Transformación, por otro lado, necesaria para que se les permita volver al origen, para que puedan recuperar la esencia de lo que en verdad son, para que consigan, un día u otro, llegar al Olimpo.

Para entrar en el Olimpo...

Debemos comprender que las circunstancias adversas o difíciles suponen una oportunidad para crecer espiritualmente. Y agradecerlas. Y aprovecharlas.

Debemos purificar lo que somos, lo que pensamos y lo que hacemos. Debemos, como ya vimos en el capítulo dedicado a Sísifo, volvernos de nuevo inocentes.

Debemos, después, introducirnos –simbólicamente– en lo más profundo de la Tierra, es decir, abandonar el ego, *morir* de una forma iniciática y convertirnos en ese *vaso adecuado*, en ese receptáculo idóneo para que la luz del Espíritu pueda penetrar en nosotros y preñarnos de claridad. Para que pueda iluminarnos.

Debemos, acto seguido, atravesar las aguas, actualizar nuestra información para purificarnos y poder alcanzar esa isla simbólica, ese centro espiritual primordial.

Debemos, finalmente, regresar a casa y, una vez allí, ser faro de luz para todos aquellos que deambulan entre tinieblas. Recibir la Gracia de la iluminación nunca es un don personal sino que conlleva, implícitamente, un compromiso de servicio.

XVIII. Ariadna

«Teseo se portó mal con Ariadna
—algunos, sin embargo,
dicen que fue a instancias de Dioniso—,
dejándola dormida en la isla de Día:*
seguro que se lo habrás oído contar a tu nodriza,
pues las nodrizas son sabias en este tipo de historias
y pueden incluso llorar mientras las cuentan,
si así lo desean».

(FILÓSTRATO)[119]

En el capítulo II, dedicado al héroe Teseo, dejamos a Ariadna dormida en la isla de Naxos. Vamos a despertarla ahora para contar el relato que narra su historia, pues creo que esta heroína merece tener su propio capítulo.

Ariadna, cuyo nombre, como ya hemos mencionado, significa *la de gran pureza* o *la de gran santidad*, es hija de Minos y Pasífae, reyes de Creta. Entre sus muchos hermanos, destacan

---

* Naxos.

Andrógeo y Fedra, siendo, además, medio hermana también del Minotauro. Aunque su celebridad está ligada a un héroe y a un dios, su merecido prestigio lo alcanza por sí misma, es fruto de su propio esfuerzo.

Ariadna vive en Creta y el primer episodio que se cuenta sobre ella está relacionado con la llegada de Teseo, el héroe ateniense que desembarcó en la isla con el objetivo de luchar contra el Minotauro y acabar con él. Nada más verlo, la princesa cretense se enamoró y le ofreció su ayuda para entrar y salir del laberinto a condición de que, después, una vez victorioso, la llevara con él a Atenas y la convirtiese en su esposa. El héroe aceptó el pacto y ella le entregó un ovillo de hilo que iría desovillando en el camino de ida y devanando en el de vuelta. Como ya hemos mencionado al hablar de Teseo, ese hilo no es otra cosa que el hilo del conocimiento, «el agente de la vinculación al centro del laberinto y que conduce del mundo de las tinieblas al de la luz».[120] Y, así, el héroe logró alcanzar el éxito en su difícil empresa gracias a ella.

«Quan t'en cansis, Ariadna acudirá sol·lícita
i et mostrarà, amb molta pau, l'entrada.
Si t'endevina, però, agosarat, et deixa,
benèvola, –sensa ella, et perdries–
la il·lusió de la descoberta
del pas de sortida».[*]
(SALVADOR ESPRIU)[121]

---

[*] *Cuando te canses, Ariadna acudirá solicita y te mostrará, con mucha paz, la entrada. Sin embargo, si te adivina osado, te deja, benévola –sin ella, te perderías–, la ilusión del descubrimiento del paso de salida.*

Sabemos que, después, Teseo faltó a su promesa, pues abandonó a Ariadna en la isla de Naxos. La muchacha se quedó dormida y, al despertar, vio como el barco de su amado se alejaba sin ella. No nos entretendremos aquí analizando los motivos de él, pues ya los hemos comentado en el capítulo II, baste con decir que la visión de las velas perdiéndose en el horizonte sumió a Ariadna en una amarga tristeza. Cuenta Robert Graves que los sacerdotes de Dioniso en Atenas afirmaban que la heroína, recordando el amor que sentía por Teseo y como, por él, había dejado atrás tanto a sus padres como su patria, «invocó al universo entero para que la vengase y el Padre Zeus asintió con un movimiento de cabeza».[122]

Ella, no obstante, pronto sería descubierta por Dioniso –también llamado Baco–, divinidad de la vegetación, de la vendimia, del vino y de los frutos. Este, hijo de Zeus y de la mortal Sémele, es un dios enormemente complejo, pues está además relacionado con el júbilo, la fecundidad, la liberación y la supresión de tabúes y prohibiciones. Inspirador de la locura ritual y del éxtasis es, asimismo, patrón del teatro y, habitualmente, es representado conduciendo un carro tirado por panteras y rodeado de su *tíaso*, un séquito de sátiros y ménades. Es, también, un dios ctónico porque desciende al Inframundo para rescatar a su madre y, en su honor, se celebraban los Misterios Dionisíacos, un ritual iniciático que llevaba a sus adeptos –a través de diferentes técnicas que inducían al trance (como la danza, la música o el uso de sustancias psicotrópicas)– a alcanzar el éxtasis, el delirio o la *manía* dionisíaca. El objetivo era que el iniciado lograra eliminar sus inhibiciones y superar sus limitaciones para conseguir un estado alterado de conciencia que lo llevara a trascender su personalidad y a reconocer su verdadera naturaleza. Como los Misterios de Eleusis, la iniciación báquica estaba relacionada con la vida en el Más Allá.[123]

Así pues, este dios apareció en la isla con su carro y su cortejo, y quedó tan fascinado por la belleza de Ariadna que, rápidamente, se enamoró de ella y la convenció para que se casaran, conduciéndola al Olimpo y entregándole allí una diadema de oro, obra de Hefestos. En el siglo III a.C., el astrónomo Eratóstenes explicará que dicha joya será después convertida en una constelación: la Corona Boreal. «Se dice que esta es la de Ariadna. Dioniso la colocó entre los astros cuando los dioses celebraron sus bodas en la llamada Día, pues quería que la vieran. Con ella se había coronado primero la novia tras recibirla de las Horas y Afrodita. (…) Dicen que era obra de Hefesto, hecha de oro brillante y de piedras de la India. (…) La Corona consta de nueve estrellas dispuestas en círculo; de estas son brillantes "tres", las que quedan por la parte de la cabeza de la Serpiente que se halla entre las Osas». [124]

Así pues, vemos que Ariadna alcanzará también la gloria del Olimpo.

En este mito, destacan tres grandes temas. El primero de ellos está relacionado con Teseo y con la entrega del ovillo mágico, del hilo del conocimiento. No sabemos qué edad tenía Ariadna cuando vio por primera vez al héroe y se enamoró completamente de él. Pero, por la forma que presenta dicho enamoramiento en los relatos que lo mencionan, es posible inferir que era una muchacha joven que quedó fascinada por la belleza y el valor del extranjero que había ido a su tierra para matar al Minotauro. Se trataría, pues, de un amor adolescente.

Ella es joven, sí, no obstante, como señala la profesora Olaya Fernández Guerrero, «maneja el hilo y conoce todos sus secretos, pero todavía no se atreve a utilizar ese conocimiento para su propio beneficio y le cede su ovillo mágico a Teseo, que queda así vinculado a la princesa a través del hilo que los conecta a ambos».[125] Gran regalo cuando una se da a sí misma, cuando una se entrega de corazón. Gran regalo, sí, pero, en este caso, fruto de un flechazo inmaduro, lo que nos hace intuir de antemano que no culminará exitosamente pues, además, ella está entregando algo que no ha explorado, que, de hecho, ni siquiera sabe que posee. Ariadna es una mujer poderosa, pero todavía no es consciente de ello y el brillo que cree ver en el héroe la deslumbra tanto que no se da cuenta de que se trata, en realidad, de un reflejo de sí misma; el esplendor que atribuye Teseo es tan potente que, siendo ella aún joven, no le es posible reconocerlo como propio. Tantas veces sucede algo similar con las emociones intensas: nos despiertan tal terremoto que necesitamos sacarlas fuera, pues no soportamos cuánto y cómo mueven los cimientos de la torre en la que creemos sentirnos seguros; nos gusten o no, las achacamos al otro porque nos aterroriza pensar que son nuestras.

Como hemos comentado más arriba, dejaremos de lado los motivos por los que Teseo abandona a Ariadna en Naxos, ya que este capítulo está dedicado a ella y lo que nos interesa es descubrir y comprender su proceso. La muchacha queda, pues, sola y abandonada en la isla, rota de dolor, abatida y llena de interrogantes, de incomprensión, de tristeza. Y es entonces cuando empieza a darse cuenta de su fortaleza, cuando se apropia verdaderamente del hilo y decide entrar en su propio laberinto para desovillar y devanar la madeja que la llevará al centro de sí misma. Ariadna se hace conscientemente propietaria de ese ovillo de conocimiento. Tantas veces el desconsuelo y la angustia acaban siendo las llaves que nos abren los caminos que conducen al núcleo de nuestro propio laberinto. Allí donde nos aguarda el secreto. Allí donde descubrimos nuestra sombra. Allí donde reencontramos nuestra luz.

Este proceso lleva a Ariadna a madurar, a liberarse de romanticismos infantiles, de sueños de adolescencia y a reconocerse como mujer adulta. Cuando Ariadna consigue aceptar el abandono –y la herida que este conlleva–, está ya preparada para el encuentro con la divinidad, y aquí enlazamos con el segundo tema: Dioniso.

> «Dionisio:
> ¡Sé astuta, Ariadna!...
> Tienes orejas pequeñas, tienes mis orejas:
> ¡Alberga en ellas una palabra sagaz!
> ¿No debe uno odiarse primero para luego poderse amar?...
> Yo soy tu laberinto...».
> (FRIEDRICH NIETZSCHE)[126]

Dioniso implica otro tipo de laberinto, más profundo, más trascendente. Como dios del teatro, revela todos los personajes que nos habitan, nos muestra todas las máscaras que utilizamos, atrapándonos después en esa *manía dionisíaca*, en ese éxtasis desenfrenado, para que podamos disolver la personalidad individual al reconocer que ya no tiene ningún sentido. Ariadna, imbuida de ενθουσιασμός (*enthousiasmós*), es decir, de inspiración divina,* recorre todos los recovecos de su propio laberinto y se libera de las cadenas que la atan a la materia. Dioniso supone, pues, una nueva vuelta en la espiral que conduce hacia el interior de uno mismo y cuyo destino final está tan adentro que queda ya fuera, justamente porque el dios libera al alma de los límites terrenales, llevándola mucho más allá, al lugar donde ya no hay ni fuera ni dentro, al lugar que está exento de dualidad, al lugar que está libre de pluralidad.

Se abren aquí las puertas del Olimpo y, con ellas, llegamos al tercer aspecto importante de este relato: la diadema de Ariadna. Según Juan Eduardo Cirlot, la diadema, como la corona, es un símbolo de la luz y de la iluminación recibida y está relacionada también con la aureola y con los cuernos que, antiguamente, representaban rayos de luz. «Su esplendor expresa el resplandor interior que la mente primitiva atribuye al ser dotado de poder. Poder que se atribuye a la gracia de la deidad».[127] Vemos, así, que el hecho de que Dioniso regale una diadema a Ariadna no es algo insustancial, sino que tiene gran trascendencia, pues, con ese acto, el dios está ratificando la iluminación de la heroína. Y, así, Ariadna pasa a formar parte del círculo de los elegidos, de los que han trascendido la materia y se han unido a las divinidades, de los pocos afortunados que han podido entrar en el Olimpo. Para Chevalier y Gheerbrant, «El simbolismo de la corona estriba en tres factores principales. Su situación en el vértice de la cabeza le confiere una significación supereminente: comparte no solamente los valores de la

---

* La palabra *entusiasmo*, como ya vimos en el capítulo II, viene del griego $ενθουσιασμός$, compuesto por $εν + Θεός$ (*dios*).

cabeza, cima del cuerpo humano, sino también los valores de lo que rebasa la propia cabeza, el don venido de lo alto: marca el carácter transcendente de un evento. Su forma circular indica la perfección y la participación en la naturaleza celeste, cuyo símbolo es el círculo; une en el coronado lo que está por debajo de él y lo que está por encima, pero marcando los límites que, en cualquier otro, separan lo terreno de lo celestial, lo humano de lo divino: recompensa de una prueba, la corona es una promesa de vida inmortal, a la manera de la de los dioses. (…) Símbolo de la luz interior, que ilumina el alma de quien ha triunfado en un combate espiritual. C.G. Jung verá en la corona irradiante el símbolo por excelencia del grado más elevado de la evolución espiritual».[128]

Ariadna ha integrado sus heridas, ha recorrido todos sus laberintos, ha desenmascarado a sus personajes, ha enfrentado sus sombras, ha desvelado sus luces y se ha hecho dueña del hilo del conocimiento. Ariadna ha recorrido el camino que, en virtud de sus propios méritos, la ha llevado a ser coronada en el Olimpo.

Para entrar en el Olimpo...

Debemos, en primer lugar, asumir nuestros terremotos, recordar que, cuando las emociones nos invaden y mueven la torre en la que nos hemos autoencarcelado, porque creemos que ahí estaremos a salvo, a menudo, es para que reconozcamos nuestro encierro y podamos volver a volar. La salvación y la libertad no están en la torre sino en nuestras alas.

Debemos también admitir que hemos sido heridos, atrevernos a desvelar esas heridas, a mirarlas y a trabajarlas para, finalmente, poder trascenderlas.

Debemos retomar nuestro poder y ejercerlo sin miedo, pero con humildad. Sin desasosiego, pero con seguridad. Sin estremecimiento, pero con brío.

Debemos reconocer, aceptar y superar todas nuestras máscaras, recorrer todos los caminos de nuestro laberinto y liberarnos de todas las cadenas que nos atan a la materia. Debemos, nuevamente, recordar que lo que creemos que somos no es, en realidad, más que una sombra insustancial.

Debemos, una vez reconocida nuestra verdadera naturaleza, permitirnos ser penetrados por ese entusiasmo divino, por esa locura mística. Relacionarnos con nuestra esencia trascendental y dejar que aflore, que se manifieste.

Debemos, finalmente, habiéndonos adueñado de ese hilo de conocimiento que ahora ya sabemos propio, ser focos de luz en la noche oscura, rayos de alegría en cielos de tristeza, puertos de esperanza y de amor en mares de odio y desaliento.

Epílogo

«Todavía tenéis que comprender, queridos, que
la distancia más corta entre el hombre y la Verdad es un cuento.
No despreciéis los cuentos.
Cuando se ha perdido una moneda de oro,
se encuentra con ayuda de una minúscula vela;
y la verdad más profunda se encuentra
con ayuda de un breve y sencillo cuento».

(ANTHONY DE MELLO)[129]

Me gustaría terminar este libro escribiendo unas palabras para cerrar el círculo que abrimos, dieciocho capítulos atrás, hablando del ενθουσιασμός (*enthousiasmós*) que transmitían las Musas a los afortunados que conseguían escucharlas, y acabamos, en el último mito, descubriendo la inspiración divina que recibió Ariadna y que, justamente, fue lo que le abrió las doradas puertas del Olimpo.

El hilo conductor ha sido el viaje del héroe. Ese viaje cuyo objetivo final es el autoconocimiento, uno de los principales pilares de la sabiduría griega. Ese viaje que consiste en superar obstáculos y vencer pruebas que evidencian quiénes somos y cómo actuamos. Ese viaje que trata de desvelar todo aquello que mantenemos oculto, todo aquello que nos cuesta reconocer, para poder después integrarlo y trascenderlo. Ese viaje que empieza con el anhelo por alcanzar una meta –el Olimpo– y que termina con la llegada a la misma.

Mi intención ha sido presentar este texto también como un viaje que, como todo viaje, parece tener un principio y un final. Y que, como todo viaje, es una aventura cuyas etapas pueden vivirse con pasión y valentía o con miedo y apatía. Quiero creer que estos mitos, estas historias cuya enseñanza es universal y eterna, nos han mostrado un camino, nos han animado a recorrerlo y nos han inspirado, dándonos fuerzas para llevarlo a término. Tiziano Terzani, en su maravilloso libro *El fin es mi principio*, nos recordaba, no obstante, que no existen los inicios, como tampoco existen los finales; y podemos intuir que ni siquiera hay un camino, sino simplemente un caminar. Y, en ese caminar, los límites se difuminan pues, al cerrar una etapa, se abre otra nueva. Como si de una espiral ascendente se tratara, el itinerario no es recto sino que está plagado de curvas y recovecos, de la misma forma que el tiempo no siempre es lineal sino que, a menudo, se evidencia cíclico.

Caminemos con la ilusión de los que tienen un brillante destino. Que no haya miedo que nos detenga. Caminemos con la alegría de los que logran disfrutar del recorrido. Que no haya tristeza que nos quiebre. Caminemos con la confianza de los que saben a ciencia cierta que, tarde o temprano, llegarán al Olimpo. Las musas inspiran nuestros sueños. Los dioses velan nuestros pasos. La meta está a nuestro alcance. Caminemos.

Quiero dar las gracias...

A Pepa Gasull, amiga del alma, porque ha creído y apoyado este sueño (y todos los demás) de principio a fin, leyéndose los capítulos y haciéndome sugerencias y propuestas siempre interesantes y útiles. *Sense tu, aquest llibre no existiria.*

A Guillermo Vidal-Quadras, a M.ª Ángeles Cabré y a mi hermano Juan, por tener la paciencia de leer el manuscrito y ofrecerme sus comentarios.

A mi hermano Nacho, por animarme a escribir estos mitos.

A Cristina Marcos Martín, por escucharme leerlos y por apoyarme siempre.

A Araceli Rosillo-Luque, porque juntas hemos abierto una caja de Pandora y hemos encontrado una preciosa e importante sororidad.

A Jesús Aguado, por su amistad y sus sabios consejos.

A Beatriz Galindo y a Juan Pablo Lauro, por abrirme puertas.

A Kleri Skandami y a Angeliki Douri, por llevarme de la mano a través de los intrincados laberintos de la extraordinaria lengua griega.

A Raimon Arola, por su gran trabajo de alquimista que,

hace ya algunos años, transformó mi corazón al mostrarme el fascinante universo del simbolismo.

A Dolors Molas, por introducirme, también mucho tiempo atrás, en el maravilloso mundo de la Historia antigua de Grecia y por todos los preciosos momentos compartidos desde entonces (Tácita Muta, mi tesis doctoral...), que nos convirtieron en grandes amigas.

A Rosa Rius, por ser siempre un faro de luz.

A Susana Shima, por hacer que me enamorara de la Geometría Sagrada y por enseñarme tantísimas cosas importantes e interesantes.

A Claudia Ochoa, Ishtavé, por recordarme lo mágico que es el Universo.

A mis alumnos, que, día a día, me inspiran a aprender más y a intentar ser mejor, como profesora y como persona.

A mi familia, por TODO y por SIEMPRE: a mis padres, Gloria y Juan. A mis hermanos, Juan, Nacho, Vane y Gloria. A mis sobrinos, Inés, Joan y Lua.

GRACIAS, GRACIAS, GRACIAS

Notas bibliográficas

1. Pessoa, Fernando. *Poesía*, Alianza Editorial, Madrid, 1995.
2. Olalla, Pedro. *Palabras del Egeo*, Editorial Acantilado, Barcelona, 2022.
3. Campbell, Joseph. *El poder del mito*, Emecé Editores, Barcelona, 1991.
4. *Himnos Órficos*, (Trad. Josefina Maynadé y María de Sellarés), José J. de Olañeta Editor, Palma de Mallorca, 2002.
5. Hesíodo. *Teogonía. Trabajos y días. Escudo*, (trad. Aurelio Pérez Jiménez), Planeta-DeAgostini, Barcelona, 1995.
6. Cicerón, Marco Tulio. *Las paradojas de los estoicos*, (trad. Carmen Castillo), Ediciones Rialp, Madrid, 2016.
7. Jiménez San Cristóbal, Ana Isabel. *Rituales órficos*, tesis doctoral, Universidad Complutense de Madrid, 2002.
8. Machado, Antonio. *Poesías*, Editorial Losada, Buenos Aires, 1943.
9. Plutarco. *Vidas paralelas* (vol. 1), (trad. Aurelio Pérez Jiménez), Biblioteca Clásica Gredos, Madrid, 1985.
10. *Ibidem*.
11. Van Gennep, Arnold. *Los ritos de paso*, Alianza Editorial, Madrid, 2013.
12. Chevalier, Jean; Gheerbrant, Alain. *Diccionario de los símbolos*, Herder, Barcelona, 2015

13. Arola, Raimon. *La cábala y la alquimia en la tradición espiritual de Occidente*, José J. de Olañeta Editor, Palma de Mallorca, 2002.
14. *Tratados hipocráticos I-VIII*, Biblioteca Clásica Gredos, Madrid, 1983-2003.
15. Borges, Jorge Luis. *La casa de Asterión*, en «El Aleph», Alianza Editorial, Madrid, 1983.
16. Catálogo de la exposición «Por laberintos», Centro de Cultura Contemporánea de Barcelona, 2011.
17. Eliade, Mircea. *La prueba del laberinto*, Ediciones Cristiandad, Madrid, 1980.
18. Chevalier, Jean; Gheerbrant, Alain. *Diccionario de los símbolos*, Herder, Barcelona, 2015
19. Carse, David. *Perfecta Brillante Quietud*, Gaia Ediciones, Madrid, 2009.
20. Higino. *Fábula*, (trad. Javier del Hoyo y José Miguel García Ruiz), Biblioteca Clásica Gredos, Madrid, 2009.
21. Camus, Albert. *El mito de Sísifo*, Alianza Editorial, Madrid, 1985.
22. Graves, Robert. *Los mitos griegos*, Alianza Editorial, Madrid, 1998.
23. Chevalier, Jean; Gheerbrant, Alain. *Diccionario de los símbolos*, Herder, Barcelona, 2015.
24. Rumi, Jalāl al-Dīn. *Masnavi I Ma'navi. The Spiritual Couplets*, (trad. Edward Henry Whinfield, Kegan Paul, Trench), Trübner & Co., Londres, 1898.
25. Pausanias. *Descripción de Grecia* (3 vol.), (trad. María Cruz Herrero Ingelmo), Planeta DeAgostini, Barcelona, 1995.
26. Twenge, Jean M.; Campbell, W. Keith. *La epidemia del narcisismo*, Ediciones Cristiandad, Madrid, 2018.
27. Ríos Sánchez, Armando José. *El mito de la muerte de Narciso en Ovidio, Valéry y José Lezama Lima: poética de la trascendencia en*

el poder transformador de la palabra, en *Káñina*, Revista de Artes y Letras, Vol. 35, Núm. 1, 2011.
28. Ovidio. *Metamorfosis*, (vol. 1), Biblioteca Clásica Gredos, Madrid, 2008.
29. *Ibid*.
30. Cervantes, Miguel de. *El ingenioso hidalgo Don Quijote de la Mancha*, Editorial Castalia, Madrid, 1982.
31. Beaupied, Aída. *Narciso hermético. Sor Juana Inés de la Cruz y José Lezama Lima*, Liverpool University Press, Liverpool, 1997.
32. Aristófanes. *Comedias*, (vol. 3), (trad. Luis M. Macía Aparicio), Biblioteca Clásica Gredos, Madrid, 2007.
33. González Urbaneja, Pedro Miguel. *Pitágoras. El filósofo del número*, Editorial Nivola, Madrid, 2001.
34. *Ibidem*.
35. *Ibidem*.
36. Elvira Barba, Miguel Ángel. *Arte y mito. Manual de iconografía clásica*, Sílex Ediciones, Madrid, 2008.
37. *Ibidem*.
38. Gibran, Khalil. *El profeta*, Editorial Pomaire, Barcelona, 1976.
39. Esquilo. *Tragedias*, (trad. Manuel Fernández-Galiano), Biblioteca Clásica Gredos, Madrid, 1993.
40. Platón. *Diálogos I: Apología, Critón, Eutifrón, Ion, Lisis, Cármides, Hipias Menor, Hipias Mayor, Laques, Protágoras*, Biblioteca Clásica Gredos, Madrid, 1985.
41. Elvira Barba, Miguel Ángel. *Arte y mito. Manual de iconografía clásica*, Sílex Ediciones, Madrid, 2008.
42. Diel, Paul. *El simbolismo en la mitología griega*, Editorial Labor, Barcelona, 1995.
43. Tolstói, Lev. *El camino de la vida*, (trad. Selma Ancira), Editorial Acantilado, Barcelona, 2019.

44. Hesíodo. *Teogonía. Trabajos y días. Escudo*, (trad. Aurelio Pérez Jiménez), Planeta-DeAgostini, Barcelona, 1995.
45. Campbell, Joseph. *Reflections on the Art of Living*, The Joseph Campbell Foundation, California, 2011.
46. Ovidio. *Fastos*, (trad. Bartolomé Segura Ramos), Biblioteca Clásica Gredos, Madrid, 1988.
47. Arola, Raimon. *Los amores de los dioses. Mitología y alquimia*, Editorial Altafulla, Barcelona, 1999.
48. Rilke, Rainer Maria. *El libro de las horas*, Editorial Lumen, Barcelona, 1999.
49. Sófocles. *Tragedias*, (trad. Assela Alamillo), Biblioteca Clásica Gredos, Madrid, 1981.
50. Apolodoro. *Biblioteca*, (trad. Margarita Rodríguez de Sepúlveda), Biblioteca Clásica Gredos, Madrid, 1985.
51. Moret, Jean-Marc. *Oedipe, la sphinx et les thébains. Essai de mythologie iconographique* (2 vol.), Institut Suisse de Rome, Ginebra, 1984.
52. Campbell, Joseph. *El héroe de las mil caras. Psicoanálisis del mito*, Fondo de Cultura Económica, México, 1972.
53. Kavafis, Konstantino. *Poesías completas*, Hiperión, Madrid, 1997.
54. Diodoro de Sicilia. *Biblioteca histórica* (6 vol.), Biblioteca Clásica Gredos, Madrid, 2001-2014.
55. Diel, Paul. *El simbolismo en la mitología griega*, Editorial Labor, Barcelona, 1995.
56. Olalla, Pedro. *Atlas Mitológico de Grecia*, Road Editions, Atenas, 2001.
57. Chevalier, Jean; Gheerbrant, Alain. *Diccionario de los símbolos*, Herder, Barcelona, 2015.
58. *Majjhima Nikaya. Los Sermones Medios del Buddha*, Editorial Kairós, Barcelona, 2019.

59. Eliade, Mircea; Couliano, Ioan Petru. *Diccionario de los símbolos*, Fragmenta Editorial, Barcelona, 2022.
60. Apuleyo. *El asno de oro*, (trad. Lisardo Rubio Fernández), Biblioteca Clásica Gredos, Madrid, 1983.
61. Porete, Margarita. *El espejo de las almas simples*, Ediciones Siruela, Madrid, 2005.
62. García Gual, Carlos. *Diccionario de mitos*, Siglo Veintiuno de España Editores, Madrid, 2003.
63. *Ibidem*.
64. *Ibidem*.
65. Homero. *Odisea*, (trad. José Manuel Pabón), Planeta-DeAgostini, Barcelona, 1997.
66. Estrada, Carmen. *Odiseicas. Las mujeres en la Odisea*, Seix Barral, Barcelona, 2021.
67. *Ibidem*.
68. Ateneo. *Banquete de los eruditos*, (Libros I-II), (trad. Lucía Rodríguez-Noriega Guillén), Biblioteca Clásica Gredos, Madrid, 1998.
69. Grimal, Pierre. *Diccionario de mitología griega y romana*, Ediciones Paidós, Barcelona, 1991.
70. Von Franz, Marie-Louise. *Símbolos de redención en los cuentos de hadas*, Luciérnaga, Barcelona, 1990.
71. Arola, Raimon. *La cábala y la alquimia en la tradición espiritual de Occidente*, José J. de Olañeta Editor, Palma de Mallorca, 2002.
72. *Ibidem*
73. Kafka, Franz. *La metamorfosis*, Alianza Editorial, Madrid, 2019.
74. Píndaro. *Odas y fragmentos*, (trad. Alfonso Ortega), Biblioteca Clásica Gredos, Madrid, 1984.
75. Heráclito. *Alegorías de Homero*, (trad. María Antonia Ozaeta), Biblioteca Clásica Gredos, Madrid, 1984.

76. Ariza, Francisco. (4 de febrero de 2020). *El sentido iniciático de los trabajos de Hércules*. [Conferencia *online*]. Barcelona
77. *El canto del Señor. Bhagavad-Gita*, (traducción de Fernando Tola), Biblioteca Nueva, Madrid, 2000.
78. Grimal, Pierre. *Diccionario de mitología griega y romana*, Ediciones Paidós, Barcelona, 1991.
79. Pacioli, Luca. *La divina proporción*, Losada, Buenos Aires, 2017.
80. Castaneda, Carlos. *Las enseñanzas de Don Juan*, Fondo de Cultura Económica, México, 1993.
81. Ariza, Francisco. (4 de febrero de 2020). *El sentido iniciático de los trabajos de Hércules*. [Conferencia *online*]. Barcelona
82. Maillard, Chantal. *Lógica borrosa*, Miguel Gómez Ediciones, Málaga, 2002.
83. Chevalier, Jean; Gheerbrant, Alain. *Diccionario de los símbolos*, Herder, Barcelona, 2015.
84. Ariza, Francisco. (4 de febrero de 2020). *El sentido iniciático de los trabajos de Hércules*. [Conferencia *online*]. Barcelona
85. *Ibidem*
86. Lao Tzu. *Tao Te Ching*, Frances Lincoln Ltd, Londres, 2015.
87. Platón. *Diálogos II: Gorgias, Menéxeno, Eutidemo, Menón, Crátilo*, Biblioteca Clásica Gredos, Madrid, 1983.
88. Eurípides. *Tragedias III: Helena. Fenicias. Orestes. Ifigenia en Áulide. Bacantes. Reso,* Biblioteca Clásica Gredos, Madrid, 1979.
89. Homero. *Odisea*, (trad. José Manuel Pabón), Planeta-DeAgostini, Barcelona, 1997.
90. Brasey, Édouard. *Sirenas y ondinas*, José J. de Olañeta Editor, Palma de Mallorca, 2001.
91. Platón. *Diálogos III: Fedón, Banquete, Fedro*, Biblioteca Clásica Gredos, Madrid, 1997.

92. Platón. *Diálogos IV: República*, Biblioteca Clásica Gredos, Madrid, 1992.
93. Heráclito. *Alegorías de Homero*, (trad. María Antonia Ozaeta), Biblioteca Clásica Gredos, Madrid, 1984.
94. Sampedro, José Luis. *La vieja sirena*, RBA Editores, Barcelona, 1993.
95. Cabrera Bonet, Paloma. *Del mar y sus criaturas. Seres híbridos marinos en la iconografía suritálica*, en «Seres híbridos. Apropiación de motivos míticos mediterráneos. Actas del seminario exposición», Museo Arqueológico Nacional, Ministerio de Educación, Cultura y Deporte, Madrid, 2003.
96. Redfield, James. *Initiations and initiatory experience*, en «Initiation in ancient greek rituals and narratives», Routledge, Londres/Nueva York, 2003.
97. Partenio de Nicea. *Sufrimientos de amor,* Biblioteca Clásica Gredos, Madrid, 1981.
98. Ovidio. *Metamorfosis* (2 vol.), Biblioteca Clásica Gredos, Madrid, 2008-2012.
99. *Ibidem.*
100. Graves, Robert. *Los mitos griegos*, Alianza Editorial, Madrid, 1998.
101. Shakespeare, William. *El rey Lear,* Cátedra, Madrid, 1995.
102. Stendhal. *Del amor*, Edaf, Madrid, 2001.
103. Ortega y Gasset, José. *Estudios sobre el amor*, Edaf, Madrid, 1995.
104. Heráclito. *Alegorías de Homero,* (trad. María Antonia Ozaeta), Biblioteca Clásica Gredos, Madrid, 1984.
105. Kavafis, Konstantino. *Poesías completas*, Ediciones Hiperión, Madrid, 1997.
106. Hesse, Hermann. *Demian*, Alianza Editorial, Madrid, 1990.
107. D'Hooghvorst, Emmanuel. *El hijo de Penélope*, Arola Editors, Tarragona, 2000.

108. Estrada, Carmen. *Odiseicas. Las mujeres en la Odisea*, Seix Barral, Barcelona, 2021.
109. Gómez de Liaño, Ignacio. *El círculo de la sabiduría*, Siruela, Madrid, 1998.
110. *Ibidem*.
111. Toro, Benjamín. *De Gilgamesh a Ulises: los viajes y la naturaleza para los héroes de la Antigüedad*, en «El hombre y la naturaleza en el mundo antiguo», vol. XXV, 2019.
112. Seferis, Yorgos. *Poesía completa*, Alianza Editorial, Madrid, 1989.
113. Kipling, Rudyard. *Si/If*, Editorial Errata Naturae, Madrid, 2019.
114. Apolodoro. *Biblioteca*, (trad. Margarita Rodríguez de Sepúlveda), Biblioteca Clásica Gredos, Madrid, 1985.
115. Arola, Raimon. *Los amores de los dioses. Mitología y alquimia*, Editorial Altafulla, Barcelona, 1999.
116. Sebastián, Santiago. *Alquimia y emblemática. La fuga de Atalanta de Michael Maier*, Ediciones Tuero, Madrid, 1989.
117. Op. cit.
118. Frankl, Viktor. *El hombre en busca de sentido*, Editorial Herder, Barcelona, 2004.
119. Filóstrato/Calístrato. *Heroico. Gimnástico. Descripciones de cuadros / Descripciones*, (trad. Francesca Mestre), Biblioteca Clásica Gredos, Madrid, 1996.
120. Chevalier, Jean; Gheerbrant, Alain. *Diccionario de los símbolos*, Herder, Barcelona, 2015.
121. Espriu, Salvador. *Ariadna al laberint grotesc*, Quaderns Literaris, Barcelona, 1935.
122. Graves, Robert. *Los mitos griegos*, Alianza Editorial, Madrid, 1998.
123. Burkert, Walter. *Greek Religion*, Blackwell Publishers, Oxford, 2000.
124. AA.VV. *Mitógrafos griegos: Paléfato. Heráclito. Anónimo Vatica-

no. Eratóstenes. Cornuto, (trad. José B. Torres Guerra), Biblioteca Clásica Gredos, Madrid, 2009.
125. Fernández Guerrero, Olaya. *El saber es poder. La diosa Ariadna como paradigma de emancipación femenina*, en «Líneas. Revue interdisciplinaire d'études hispaniques», 2013.
126. Nietzsche, Friedrich. *Ditirambos Dionisíacos*, Los libros de Orfeo, Buenos Aires, 1994.
127. Cirlot, Juan Eduardo. *Diccionario de símbolos*, Siruela, Madrid, 2011.
128. Chevalier, J.; Gheerbrant, A. *Diccionario de los símbolos*, Herder, Barcelona, 2015.
129. Mello, Anthony de. *¿Quién puede hacer que amanezca?*, Editorial Sal Terrae, Santander, 1993.